BİTKİ BAZLI DİYET YEMEK KİTABI

BİTKİ BAZLI BESLENMEYE BAŞLAYANLAR İÇİN 100 KOLAY VE LEZZETLİ TARİF

Derya Özcan

© COPYRIGHT 2022 TÜM HAKLARI SAKLIDIR Bu belge, ele alınan konu ve konuyla ilgili kesin ve güvenilir bilgi sağlamaya yöneliktir. Yayın, yayıncının muhasebe, resmi olarak izin verilen veya başka bir şekilde nitelikli hizmetler vermesi gerekmediği fikriyle satılmaktadır. Hukuki veya profesyonel tavsiye gerekliyse, meslekte deneyimli bir kişi sipariş edilmelidir.

Bu belgenin herhangi bir bölümünün elektronik veya basılı formatta çoğaltılması, çoğaltılması veya iletilmesi hiçbir şekilde yasal değildir. Bu yayının kaydedilmesi kesinlikle yasaktır ve yayıncıdan yazılı izin alınmadıkça bu belgenin herhangi bir şekilde saklanmasına izin verilmez. Tüm hakları Saklıdır.

Uyarı Sorumluluk Reddi, Bu kitaptaki bilgiler bilgimiz dahilinde doğru ve eksiksizdir. Tüm tavsiyeler, yazar veya hikaye yayıncılığı adına herhangi bir garanti olmaksızın yapılır. Yazar ve yayıncı, bu bilgilerin kullanımıyla bağlantılı olarak sorumluluk kabul etmemektedir.

İçindekiler

GİRİİŞ 8

KAHVALTI TARİFLERİ 10

   1. Ahududu veya yaban mersini reçeli soğuk karıştırılır 10

   2. Ringlotten kenevir tohumu ile sallayın 11

   3. Bitki sallamak 12

   4. Kokos-Shake 14

   5. Muzlu Nutella Sarsıntısı 15

   6. Vitamin sallamak 16

   7. Taze ananaslı soya sütü 17

   8. Çilek ve ıspanaklı smoothie 18

   9. Frankenstein Avokado Tostu 19

   10. Kahvaltı için hızlı ve kolay bir kase yulaf ezmesi 20

   11. Tatlı patates ve yaban mersini ile badem ezmeli tost 22

   12. Bir kasede tropikal smoothie 24

   13. Sebzelerle Tatlandırılmış Yulaf Ezmesi 25

   14. Kabak ve Baharatlı Yulaf Ezmesi 27

   15. Bahar güler yüzlü kase 29

   16. Çilekli vegan yulaf lapası 31

   17. Tsampa lapası vegan 32

   18. Elma püresi ve bademli waffle 33

   19. Muz ve ahududu ile vanilyalı yazıldığından pul müsli 34

   20. Elmalı ve tarçınlı vanilyalı sütlaç 35

TATLI TARİFLERİ 37

21. Buharlı pişiriciden portakallı irmik tatlısı 37
22. Köy krem peynirli ahududu tatlısı 38
23. Köpüğü ile pişmiş kayısı 40
24. Buharlı pişiriciden rezene sebzeleri 41
25. Hızlı elma tatlısı 42
26. Fındıklı puding tatlısı 44
27. Çilek soslu lorlu köfte 46
28. Elma cipsleri 48
29. Koruyucu muz 49
30. Çikolata parçacıklı kurabiyelerde süper yiyecek 50
31. Vegan Çikolatalı Dondurma 52
32. 4 malzemeli çikolatalı mus 53
33. Ananaslı ve taze limonlu buzlu turta 54
yaban mersini 54
34. Çikolata parçalı dondurma 56
35. Fıstık ezmesi ve jöleli dondurma 58
36. Vegan muhallebi 60
37. Tsampa lapası vegan 61
38. Ahududulu krep vegan 63
39. Kivi ve muzlu hindistan cevizi sütü pirinci 64
40. Çıtır pişmiş muz 66

ATIŞTIRMALIK TARİFLERİ 67

41. Ekmek ve peynir şişleri 67
42. Kızarmış rulolar 68

43. Hindi ve salatalık burgeri 70
44. Karidesli ve enginarlı tortilla 72
45. Otlu saksılı kulüp sandviçi 74
46. Tatlı patatesli turta ruloları 75
47. Elmalı ve havuçlu atıştırmalık 76
48. Biber cipsi 78
49. Vejetaryen tost 79
50. Kızarmış patates cipsi 80
51. Kırmızı elma püresi ve pancar 81
52. Elma "Cadılar Bayramı" lambaları 82
53. Badem ezmeli tatlı patatesli tost 83
ve yaban mersini 83
54. Gösterişli avokado tostu 85
55. Kabak ve yulaf ezmesi çubukları 87
56. Yulaf Ezmeli ve Elmalı Kurabiye 88
57. Lezzetli mini sandviçler 90
58. Kavrulmuş Nohut 92
59. Elma püresi ve bademli waffle 94
60. Bir çubukta buz gibi soğuk karpuz 95

ÇORBA TARİFLERİ 96

61. Kestane kremalı çorba 96
62. Kırmızı lahana ve elma kremalı çorba 97
63. Hardallı meyve soslu Tafelspitz 99
64. Beyaz kök kremalı çorba 101

65. Tere çorbası 102

66. Patates ve alabaş çorbası 104

67. Ispanak ve tofu çorbası 106

68. Pancar köpüğü çorbası 107

69. Sodyumsuz sebze suyu 108

70. Elma-havuç-zencefil çorbası 110

SOS TARİFLERİ 112

71. Domates ve fesleğen soslu Gnocchi 112

72. Barbekü sosu 113

73. Soğuk ot sosu 115

74. Yeşil soslu kavrulmuş patates 117

75. Blitz domates sosu 118

76. Kabak sosu 120

77. Meyveli kırmızı biber sosu 122

78. Sebzeli domates sosu 124

79. İspanyol domates sosu 126

80. Sıcak balkabağı ve hindistan cevizi sosu 128

81. Kırmızı elma püresi ve pancar 130

82. Kızılcık ve portakal sosu 132

83. Kızılcık Sosu 133

84. Baharatlı Domates Reçeli 134

85. Vegan tartar sosu 136

YAN VE ANA YEMEK 138

86. Brokoli Burritoları 138

87. Fıstıklı patlıcan ve mantar 139
88. Brokoli ve çam fıstıklı Fettuccine 141
89. Tam buğday ve siyah pizza hamuru 142
90. Sarımsaklı Ispanak 144
91. tatlı patates! 146
92. Sarımsaklı patates püresi 148
93. Fırında patates dolması 149
94. Körili pilav 151
95. Patates püresi 153
96. Geleneksel doldurma 154
97. Kinoalı Pilav Dolması 155
98. Hızlı ıspanak ve sebze tavası 157
99. Spelled pirinç ve havuç yahnisi 158
100. Bezelyeli yeşil patates köri 160
ÇÖZÜM 161

GİRİİŞ

Bitki bazlı olarak bilinen bitki bazlı diyet, gıdaların bitkisel gıdaların kalitesine odaklanması gerektiğini, bunlardan yararlanmayı ve hayvansal gıdaların tüketimini diyetinizden tamamen çıkarmanıza gerek kalmadan azaltmayı mümkün kıldığını savunuyor.

Bu diyet sadece meyve ve sebzeleri değil, aynı zamanda sert kabuklu yemişler, tohumlar, yağlar, tam tahıllar (tahıl, fasulye, mercimek, bezelye gibi baklagiller) ve sebzeleri de içerir ve her zaman tahıl veya tahıl gibi gıdaların tam tahıllı versiyonlarını tercih eder. , örneğin pirinç veya ekmek. Bu, vejetaryen veya vegan olduğunuz ve asla hayvansal ürünler yemediğiniz anlamına gelmez. Bunun yerine, bitki kaynaklarından orantılı olarak daha fazla yiyecek seçer.

Yemek yemeyi bilmek, nasıl seçileceğini bilmektir.

Bugün sağlığımızın büyük bir kısmının yiyeceğe bağlı olduğunu biliyoruz.

Hem omnivor, hem vejeteryan hem de vegan gıdalarda, konuyla ilgili en çeşitli otoriteler tarafından sağlıklı kabul edilen çeşitli yaklaşımlar vardır - hepsi de temel besinlerin eksik olmaması için gereken özenle yapılır.

Daha fazla sebze içeren bir diyet uygulamak için pratik stratejiler:

• Sebze tüketiminizi artırın: Öğle ve akşam yemeklerinde tabağın yarısını sebze ile doldurun. Sebzelerinizi seçerken bolca renk eklediğinizden emin olun. Örneğin, havuç çubukları, salatalık çubukları, humus veya guacamole eşliğinde kiraz domatesleri ile atıştırmalık olarak sebzelerin tadını çıkarın. Sebze sayısını artırmanın bir yolu olarak diyetinize düzenli olarak çorba ekleyin. Salataları sık sık yiyin: bir kaseyi marul, ıspanak, pazı, su teresi ve diğerleri gibi salata yeşillikleri ile doldurun; daha sonra örneğin taze otlar, fasulye, bezelye veya tofu ile birlikte çeşitli sebzeler ekleyin;

• İyi yağları seçin: Zeytinyağı, zeytin, yağlı meyveler (fındık, badem, fındık vb.) içindeki yağlar ve bunların tereyağları, tohumları ve avokadoları özellikle sağlıklı seçimler;

• Haftada en az bir gece vejetaryen yemek pişirin: Bu öğünleri tam tahıllar, bakliyatlar ve sebzeler üzerine kurun;

• Kahvaltınıza tam tahılları ekleyin: yulaf, kinoa veya karabuğday ile başlayın. Daha sonra taze meyvelerle birlikte biraz yağlı meyve veya tohum (ayçiçeği, chia vb.) ekleyin;

• Yeşilleri seçin ve çeşitlendirin: Her gün lahana, pazı, ıspanak ve diğer yeşillikler gibi çeşitli yeşil yapraklı sebzeleri deneyin. Lezzet ve besinleri korumak için buharda pişirin, kızartın veya güveç;

• Paradigma değişsin: Meyveler, sebzeler, yumrular, bakliyatlar, tahıllar, yağlı tohumlar, tohumlar... 'paradigmadaki' bu değişim, onları en doğal haliyle, yani en doğal haliyle tüketilmesi gerektiği için baş rolü üstlenmeye çağırıyor. , diyetin orijinal adından da anlaşılacağı gibi daha bütün ve daha az işlenmiş: Tam Gıda Bitki Bazlı Diyet – veya "Bütün bitkisel gıdalara dayalı diyet".

KAHVALTI TARİFLERİ

1. Ahududu veya yaban mersini reçeli soğuk karıştırılır

içindekiler

- Yaklaşık 4 bardak, á 200 ml:
- 500 gr ahududu veya yaban mersini
- 250 gr ince toz şeker
- 1 limon
- 4 yemek kaşığı su
- 1 çay kaşığı sitrik asit (seviye kaşığı)
- 1 çay kaşığı agar-agar (seviye kaşığı)

hazırlanışı

1. Soğuk karıştırılmış ahududu veya yaban mersini reçeli için, meyveleri şeker ve limon suyu ile marine edin ve mikser (hamur kancası) ile şeker tamamen eriyene kadar yaklaşık 30 dakika yavaşça karıştırın.
2. Agar-agar'ı soğuk suyla karıştırın, biraz meyve özü ile kaynatın, biraz soğumaya bırakın ve reçelin geri kalanına ekleyin.
3. İstenirse reçel doldurmadan önce (çekirdekler nedeniyle) bir elekten geçirilebilir.
4. Reçel yaklaşık olarak buzdolabında saklanabilir. 2 haftadır ve açıldıktan hemen sonra tüketilmelidir.

2. Ringlotten kenevir tohumu ile sallayın

içindekiler

- 500 ml ayran
- 1 bilgisayar. Mango
- 1 avuç bukle
- 2 çay kaşığı kenevir tohumu
- 1 çay kaşığı chia birlikte hazırlanışı

1. Ringlotten Shake için mangoyu soyun ve posayı çekirdekten ayırın. Halka lehimini çekirdekleyin. 2 bukleyi bir kenara ayırın.
2. Her şeyi bir karıştırıcıya koyun ve iyice püre haline getirin. Chia tohumlarını karıştırın. 2 bardağa doldurun ve kenevir tohumu serpin. Çekirdeği her bardaktan çıkarın ve bir pipetin üzerine koyun, servis yapın ve keyfini çıkarın.
3. Bitki sallamak

içindekiler

- 150 gr otlar (çeşitli, örneğin maydanoz, frenk soğanı, nane, selvi)
- 400 ml süt
- 400 ml guma soslu krema
- 2 yemek kaşığı zeytinyağı
- 1 kireç (sıkılmış meyve suyu)
- 1 yemek kaşığı balzamik sirke (beyaz)
- tuz
- Öğütücüden biber)

hazırlık

1. Ot sarsıntısı için önce tüm malzemeleri bir karıştırıcıda iyice karıştırın. Soğutulmuş bardaklara dökün ve pipetle servis yapın.

4. Kokos-Shake

içindekiler

- 500 ml hindistan cevizi sütü
- 150 gr hindistan cevizi posası (taze, rendelenmiş)
- biraz agav şurubu
- Buz küpleri (veya kırılmış buz)
- 16 Fizik
- Hindistan cevizi sürüsü hazırlığı

2. Hindistan cevizi shake için önce hindistan cevizi sütü, rendelenmiş hindistan cevizi

posası, biraz agave şurubu ve yeteri kadar buzu blendera koyun.

Her şeyi birlikte en yüksek hızda püre haline getirin.

3. Hindistan cevizi Shake kavanozları doldurun, hindistancevizi serpin ve her birini bir physalis ile süsleyin.

5. Muzlu Nutella Sarsıntısı

içindekiler

- 500 ml Süt
- 1 Muz
- 1 Nutella
- Bal

hazırlık

1. Muz ve Nutella shake için önce muzun kabuğunu çıkarın, parçalara ayırın ve bir karıştırma kabına alın.
2. Nutella ve biraz süt dökün ve her şeyi uygun şekilde karıştırın. Ardından vanilya şekeri ve

sütün geri kalanını ekleyin ve tekrar iyice karıştırın.
3. Muz ve Nutella shake'i iyi soğutulmuş uzun bardaklarda masaya getirin.

6. Vitamin sallamak

içindekiler

- 2 adet kivi
- 1/2 portakal
- 1 parça. muz
- 200 ml soya içeceği
- 1 yemek kaşığı chia tohumu hazırlanışı

1. Vitamin shake için kiviyi ortadan ikiye kesin, bir kaşıkla posayı çıkarın, portakal ve muzu iri parçalar halinde doğrayın, soya içeceği ve chia tohumları ile blenderdan geçirip püre haline getirin.

7. Taze ananaslı soya sütü

içindekiler

- 1 1/2 lt su
- 90 gr soya fasulyesi (sarı veya beyaz, en az 12 saat önceden ıslatılmış)
- 120 gr ananas (taze)
- 1 yemek kaşığı ayçiçek yağı (soğuk preslenmiş)
- 90 gr şeker hazırlama

2. Taze ananaslı soya sütü için tüm malzemeleri bir tencerede kaynatıp kapağını kapatın ve 40 dakika pişirin.
3. Biraz soğumaya bırakın, bir stand miksere aktarın ve homojen bir kütle elde edene kadar

5 dakika boyunca işleyin. Bir elekten geçirin. Ve taze ananaslı soya sütü hazır.

8. Çilek ve ıspanaklı smoothie

içindekiler

- 2 adet muz
- 400 gr çilek
- 100 ml süt
- 1 yemek kaşığı limon suyu
- 20 gr ıspanak hazırlanışı

1. Muzu soyun, çilekleri yıkayın ve sapı çıkarın.
2. Diğer malzemelerle birlikte püre haline getirin.
3. Smoothie'yi bardaklara doldurun ve soğutulmuş veya hemen tadını çıkarın.

9. Frankenstein Avokado Tostu

Bileşen

- 4 dilim tam buğday ekmeği
- 1 avokado, ikiye bölünmüş ve çekirdekleri çıkarılmış
- 1 yemek kaşığı limon suyu
- ½ çay kaşığı sarımsak tozu
- Bir tutam deniz tuzu

Dekoratif Malzemeler

- 1 nori yaprağı veya koyu marul yaprağı
- Kara fasulye
- Dilimlenmiş kırmızı biber
- Meksika sosu

Hazırlık

1. ekmek kızartma makinesinde veya ekmek kızartma makinesi fırınında.
2. Ekmek kızartılırken avokadoyu bir kaseye koyun.
3. Limon suyu, sarımsak tozu ve tuzu ekleyin ve bir çatal veya patates ezici ile havaneli yapın.
4. Saçı oluşturmak için nori yaprağını veya koyu marulu kesin.
5. Franken tostunu saçı nori veya marulla, gözleri siyah fasulyeyle, ağzı dilimlenmiş biberle ve yüzün çerçevesini sosla süsleyin.

10. Kahvaltı için hızlı ve kolay bir kase yulaf ezmesi

Bileşen

- ½ fincan hızlı yulaf ezmesi
- ¼ - ½ su bardağı sıcak veya soğuk su
- ½ su bardağı bitkisel süt
- 1 çay kaşığı maqui berry tozu veya acai tozu (isteğe bağlı)
- ½ su bardağı taze üzüm veya çilek
- muz (veya isterseniz bütün bir muz)
- Ceviz
- tohumlar

Hazırlık

1. Yulaf ezmesi ve suyu bir kapta birleştirin ve birkaç dakika bekletin.

2. Muz ve üzümleri veya meyveleri dilediğiniz gibi doğrayın ve yulaf ezmesine ekleyin.
3. Yulaf ezmesi ve meyvelerin üzerine bitkisel süt dökün.
4. Fındık, tohum, toz maqui berry veya acai tozu ile kaplayın. Ceviz ve kenevir tohumu kullanıyorum.

11. Tatlı patates ve yaban mersini ile badem ezmeli tost

Bileşen

- 1 tatlı patates, yarım santimetre kalınlığında dilimlenmiş
- $\frac{1}{4}$ fincan badem yağı
- $\frac{1}{2}$ su bardağı yaban mersini

Hazırlık

- Fırını 350-360 ° F'ye (177 ° C) önceden ısıtın.
- Tatlı patates dilimlerini fırın kağıdına yerleştirin. Yumuşak olana kadar pişirin, yaklaşık 20 dakika

- Sıcak servis yapın, fıstık ezmesi ve kızılcık ile kaplayın. Kalan tatlı patates dilimlerini, sossuz, hava geçirmez bir kapta buzdolabının içinde bir hafta boyunca saklayın. Bunları bir ekmek kızartma makinesinde veya ekmek kızartma makinesi fırınında tekrar ısıtın ve talimatlara göre örtün.

12. Bir kasede tropikal smoothie

Bileşen

- 2 su bardağı dondurulmuş mango parçaları
- ½ su bardağı dondurulmuş ananas parçaları
- 1 dondurulmuş muz
- ½ ila 1 su bardağı bitkisel süt
- 2 yemek kaşığı dilediğiniz kıyılmış fındık
- ¼ su bardağı dilediğiniz doğranmış meyve

Ek Adertler

- 1 yemek kaşığı keten tohumu unu
- 1½ yemek kaşığı hindistan cevizi parçaları

Hazırlık

1. Mango, ananas, muz ve bitkisel sütü (1 su bardağı daha ince, $\frac{1}{2}$ su bardağı daha koyu hale getirir) ekleyin ve pürüzsüz bir karışım elde edene kadar her şeyi karıştırın.
2. Smoothie'yi bir kaseye koyun ve üzerini fındık ve meyvelerle kaplayın.

13. Sebzelerle Tatlandırılmış Yulaf Ezmesi

Bileşen

- 4 su bardağı su
- 2 su bardağı "kesilmiş" yulaf ezmesi (çabuk pişen çelik kesilmiş yulaf)
- 1 çay kaşığı İtalyan baharatları
- ½ çay kaşığı Herbamarre veya deniz tuzu
- 1 çay kaşığı sarımsak tozu
- 1 çay kaşığı soğan tozu
- ½ su bardağı besin mayası
- ¼ çay kaşığı zerdeçal tozu
- 1½ fincan lahana veya yumuşak ıspanak
- ½ su bardağı dilimlenmiş mantar
- ¼ su bardağı rendelenmiş havuç
- ½ su bardağı küçük doğranmış biber

Hazırlık

- Suyu bir tencerede kaynatın.
- Yulaf ezmesi ve baharatları ekleyin ve sıcaklığı düşürün.
- Düşük ateşte kapaksız 5-7 dakika pişirin.
- Sebzeleri ekleyin.
- Üzerini örtüp 2 dakika bekletin. ☐ Hemen servis yapın.

14. Kabak ve Baharatlı Yulaf Ezmesi

Bileşen

- 2 su bardağı bitkisel süt
- 1 tatlı kaşığı kabak tatlısı baharatı
- 4 çekirdeksiz hurma
- 2 yemek kaşığı kuru üzüm
- 2 su bardağı kabak püresi
- 2 su bardağı kuşbaşı yulaf ezmesi

Hazırlık

1. Süt, hurma, kuru üzüm ve baharatları bir karıştırıcıda karıştırın.

2. Süt karışımını orta boy bir kapta balkabağı püresi ve yulaf ezmesi ile birleştirin.
3. Karışım çok kalınsa, biraz daha süt ekleyin.
4. En az bir saat veya ideal olarak gece boyunca örtün ve soğutun.
5. Sıcağın veya soğuğun tadını çıkarın.

15. Bahar güler yüzlü kase

bileşenkase

için:

- 1 muz
- biraz karnabahar (istediğiniz kadar)
- 125 ml badem sütü
- 1 avuç kaju fıstığı
- 1 vanilya çubuğu (pulpa)
- 1 çay kaşığı tarçın
- 1 yemek kaşığı bal (isteğe bağlı)

Üstüne:

- 1 yemek kaşığı fıstık
- 1 avuç fındık (ceviz, badem)
- 1 avuç hindistan cevizi gevreği
- 1/2 avuç çiçek (yenilebilir)

- 1/2 avuç ahududu
- 1 çarkıfelek meyvesi hazırlığı

1. Kaseye daha da kremsi bir kıvam vermek için muzu dondurun.
2. Muz ve kase için diğer tüm malzemeleri pürüzsüz bir krema elde edene kadar püre haline getirin.
3. Sonra ruh halinize göre süsleyin

16. Çilekli vegan yulaf lapası

içindekiler
- 3 yemek kaşığı yulaf ezmesi
- 1 bardak soya sütü (alternatif olarak yulaf sütü)
- 1 avuç çilek (veya diğer meyveler)

hazırlığı
1. Önce yulaf gevreğini soya sütüyle birlikte güzel bir yulaf lapası oluşana kadar kaynatın.
2. Gerekirse, ilave süt ekleyin. Son olarak, meyveleri (veya istediğiniz diğer meyveleri) doğrayın ve yulaf gevreği ile karıştırın.

3. Yulaf lapasını kavrulmuş hindistancevizi gevreği serpin ve hala sıcakken tadını çıkarın.

17. Tsampa lapası vegan

içindekiler

- 250 ml soya sütü
- 2 yemek kaşığı tsampa
- 5 yemek kaşığı hindistan cevizi gevreği
- 2 yemek kaşığı agave şurubu
- 1 tutam vanilya
- 1 tutam tarçın
- Meyveler (isteğe bağlı olarak)

hazırlama

1. Tsampa püresi için soya sütünü kaynatın ve tsampayı bir çırpma teli ile karıştırın.
2. Hindistan cevizi pulları, chia tohumları, agave şurubu ve baharatları karıştırın. Biraz

kaynamaya bırakın, bir süre sonra yulaf lapası güzelce kalınlaşır.
3. Taze meyveleri (incir ve erik) küçük parçalar halinde kesin ve ılık yulaf lapasına katlayın.
4. Tsampa lapası, sıcak yenildiğinde en iyi tadı verir!

18. Elma püresi ve bademli waffle

içindekiler
- 100 gr yulaf ezmesi
- 50 gr un (tam buğday kepekli)
- 10 gr chia tohumu
- 3 gr kabartma tozu
- 25 gr huş şekeri
- 50 gr badem yağı
- 100 gr elma püresi

- 1 bilgisayar. Limon (organik, rendelenmiş lezzet ve 1 çay kaşığı meyve suyu)
- 50 ml badem sütü (veya başka bir bitki sütü, gerekirse daha fazla)

hazırlık

1. Elma püresi ve bademli waffle için kuru malzemeleri blendera ekleyin ve her şey iyice dövülene kadar karıştırın.
2. Elma püresi, limon suyu, limon kabuğu rendesi, badem yağı ve badem sütünü karıştırın. Bu karışımı yavaş yavaş kuru malzemelere ekleyin ve el mikseri ile karıştırın. Gerekirse, biraz badem sütü ekleyin ve huş şekeri ile baharatlayın. Hamuru 10 dakika dinlenmeye bırakın.
3. Bu arada waffle demirini önceden ısıtın ve gerekirse yağlayın.
4. 1 yemek kaşığı hamurdan waffle demirinin ortasına koyun, kapatın ve elmalı ve bademli waffle'ları yaklaşık 2 dakika pişirin.

19. Muz ve ahududu ile vanilyalı yazıldığından pul müsli

içindekiler
- 1 yemek kaşığı chia tohumu
- 1 yemek kaşığı keten tohumu
- 5 yemek kaşığı kepekli gevrek
- 1 çay kaşığı tarçın
- 2-3 yemek kaşığı soya yoğurdu (vanilya)
- 180 ml badem sütü
- 1/2 muz
- 1 avuç ahududu
- 1 yemek kaşığı kepekli kepek
- 1 avuç badem çubuğu

hazırlık

1. Muz ve ahududu ile vanilya heceli pul müsli, muzu ikiye bölün ve ince dilimler halinde kesin.
2. Chia ve keten tohumlarını, kavuzlu buğday gevreğini, kavuzlu kepeği, tarçını, badem çubuklarını badem sütü ve soya yoğurdu ile karıştırın. Son olarak, muz parçalarını ve ahududuları katlayın.
3. Gerekirse, biraz süt veya yoğurt ekleyin ve muzlu ve ahududulu vanilyalı heceli pul müsliyi gece boyunca ıslatmak için buzdolabına koyun.

20. Elmalı ve tarçınlı vanilyalı sütlaç

içindekiler

- 1 su bardağı pirinç (yuvarlak taneli)

- 4 bardak soya sütü (vanilya aromalı)
- 1 avuç kuru üzüm
- 1 elma
- Tarçın (tatmak için) hazırlanışı

1. Pirinci soya sütü, tarçın (tatmak için) ve kuru üzüm ile pirinç taneleri yumuşayana ve kıvam güzel ve kremsi olana kadar yavaşça pişirin. Tekrar tekrar karıştırın!
2. Bu arada elmayı ince dilimler halinde kesin.
3. Elma dilimlerini ılık sütlaç üzerine yerleştirin, isterseniz ilave tarçın serperek servis yapın.

TATLI TARİFLERİ

21. Buharlı pişiriciden portakallı irmik tatlısı

içindekiler

irmik için:

- 1/2 l süt
- 80 gr buğday irmiği
- 80 gr bal
- 2 çay kaşığı agar agar
- 1 portakal kabuğu (kabuğu)

Turuncu tabaka için 4 yemek kaşığı Cointreau:

- 6 portakal

- 2 yemek kaşığı Cointreau
- 3 çay kaşığı portakal çiçeği balı
- 2 çay kaşığı agar agar hazırlanışı

1. Portakallı irmik tatlısı için irmik kütlesi için olan tüm malzemeleri deliksiz bir kaba koyun ve iyice karıştırın.
2. Portakal tabakası için 4 portakalı soyun ve rendeleyin. Filetoları ısırık büyüklüğünde parçalar halinde kesin. Kalan 2 portakalı sıkın. Portakal suyu ve fileto parçalarını Cointreau, bal ve agar-agar ile karıştırın. İkinci bir deliksiz kaba dökün ve iyice karıştırın. Şimdi her ikisini de buharlı pişiricide 100° derecede 10 dakika boyunca buharlayın. Sonra çıkarın ve tekrar iyice karıştırın.
3. Önce irmiği tatlı bir bardağa dökün ve üzerine portakal tabakasını yayın. Portakallı irmik tatlısını portakal kütlesi jelleşene kadar serin bir yerde dinlendirin.

22. Köy krem peynirli ahududu tatlısı

içindekiler

- 250 gr köy krem peyniri
- 300 gr ahududu
- 2 yemek kaşığı şeker
- 1 limon (işlenmemiş kabuğu ile)
- 1/8 l krem şanti
- 30 gr hindistan cevizi rendesi
- 1/8 l yoğurt hazırlanışı

1. Köy krem peynirli ahududu tatlısı için, ahududuları tamamen ezmeyin ve tatlandırmak için tatlandırmayın. Çırpılmış kremayı sertleşene kadar çırpın ve köy

peyniri, yoğurt, hindistancevizi gevreği ve şekerle karıştırın.
2. Alternatif olarak ahududu muslu kremayı bardaklara dökün ve köy krem peynirini ve ahududu tatlısını hindistancevizi parçalarıyla serpin.

23. Tencere köpüğü ile pişmiş kayısı

içindekiler

- 3 yemek kaşığı lor peyniri (%20)
- 10 kayısı (büyük, sert)
- 2 yumurta akı
- 50 gram şeker
- 2 yemek kaşığı ceviz (rendelenmiş)

hazırlanışı

1. Pişmiş kayısılar için önce kayısıları yıkayın, kurutun, ikiye bölün ve çekirdeklerini çıkarın. Fırını 200 ° C'ye ısıtın ve tepsiyi pişirme kağıdı ile kaplayın.

2. Daha sonra yumurta beyazını şekerle çok sert bir şekilde çırpın, lor peynirini pürüzsüz olana kadar karıştırın ve yumurta aklarına fındıklarla dikkatlice katlayın. Kayısı yarımlarını bununla doldurun ve 200 °C'de pişirin. Ve graten kayısılar hazır.

24. Buharlı pişiriciden rezene sebzeleri

içindekiler

- 2 rezene
- rezene yeşili
- 2 havuç
- 1 çubuk (lar) pırasa (küçük)
- 2 sap kereviz
- 1 çay kaşığı limon suyu
- tuz
- Şeker
- 2 adet Soğanlar
- 20 gr tereyağı
- 150 ml sebze suyu

- biber
- 1 çay kaşığı sebze suyu
- 150 gr duble krema hazırlanışı

1. Rezene yıkamak için kama şeklindeki rezenenin köklerini dörde bölün ve kesin. Dekorasyon için rezene yeşilini geri koyun.
2. Sebzeleri temizleyin. Havuçları 0,5 cm kalınlığında dilimler halinde kesin, pırasayı 1 cm kalınlığında halkalar halinde kesin, kerevizleri 0,5 cm kalınlığında dilimler halinde kesin. Sebzeleri delikli bir pişirme kabına koyun ve üzerine rezeneyi yerleştirin.
3. Limon suyu, tuz ve şekeri karıştırıp rezenenin üzerine dökün. Pişirme kabını fırına koyun ve sebze suyunu toplamak için altına katı bir kap yerleştirin (100°C'de 10-12 dakika veya 120°C'de 5-6 dakika).
4. Soğanı küp küp doğrayın, tereyağında soteleyin ve 150 ml sebze suyuyla doldurun. Tuz, karabiber ve sebze suyu ile tatlandırın. Çift kremayı karıştırın. Buharlı pişiriciden rezene sebzelerini rendelenmiş rezene yeşillikleri ile süsleyin.

25. Hızlı elma tatlısı

içindekiler

- 4 elma
- 10-15 adet. Bisküviler
- 5 yemek kaşığı bal
- tarçın
- Limon suyu
- 2 yemek kaşığı kuru üzüm hazırlanışı

1. Hızlı bir elma tatlısı için elmaları ince dilimler halinde kesin ve şeker, tarçın ve limon suyuyla karıştırın. Sünger parmakları kabaca parçalayın.
2. Elma, kuru üzüm ve leydi parmaklarını yağlanmış 4 adet tatlı güvecine doldurun, 4 cl

amaretto ile doldurun ve üzerine tarçın ve şeker serpin. 20-25 dakika boyunca 180 derecede alt / üst ısıda pişirin.

26. Fındıklı puding tatlısı

içindekiler

- 4 adet. fizik
- 8 yemek kaşığı ceviz (kaba rendelenmiş veya doğranmış)
- Çikolata sosu (süslemek için) ☐ Puding için:
- 1 pk fındıklı puding tozu
- 500 ml süt
- 3 yemek kaşığı şeker
- 1 yemek kaşığı ceviz (ince rendelenmiş)

hazırlanışı

1. Fındıklı puding tatlısı için önce cevizleri puding tozuyla karıştırın. Fındıklı pudingi

tarifine göre hazırlayın ve 4 küçük puding kalıbına dökün.
2. Soğumaya bırakın ve birkaç saat buzdolabına koyun. Pudingi kalıplardan çıkarın, 2 yemek kaşığı ceviz serpin, çikolata sosuyla süsleyin ve fındıklı puding tatlısının ortasına 1 physalis yerleştirin.

27. Çilek soslu lorlu köfte

içindekiler

- 250 gr kuark
- 2 yemek kaşığı bal
- kırıntıları
- 250 gr çilek (dondurulmuş)
- 1 paket vanilya şekeri hazırlanışı

1. Çilek soslu lorlu köfteler için önce lorlu köfteleri hazırlayın. Bunu yapmak için yumurta, kuark ve şekeri birlikte yoğurun. 10 dakika dinlendirdikten sonra 7-10 dakika hafif kaynayan suda demlenmesine izin verin.
2. Aynı zamanda bir tavaya şeker ve galeta ununu ve biraz tereyağını koyup kavurun. Bitmiş lor

köftelerini ufalanmış şeker karışımında yuvarlayın.
3. Çilek sosu için, donmuş çilekleri ve suyu mikrodalgada çözdürün ve vanilya şekerini ekleyin. Daha sonra el blenderi ile karıştırarak tatlandırın. Peynirli köfteleri çilek sos ile servis edin.

28. Elma cipsleri

içindekiler

☐ Elmalar

hazırlık

1. Elma cipsleri için elmaları yıkayın, çekirdek kesici ile çekirdeklerini çıkarın ve ardından dilimleyici ile 1,5 mm kalınlığında dilimler halinde kesin.
2. İnce elma dilimlerini bir kurutucuya koyun ve kurutun. Arada bir dönüş yapın. Elma cipsleri güzel ve gevrek olana kadar kurutun.

3. Kurutucuya bağlı olarak, bu yaklaşık 2-3 saat sürer.

29. Koruyucu muz

içindekiler

- 2 yemek kaşığı kuru üzüm
- 50 ml rom
- 2 yemek kaşığı badem yaprağı
- 4 muz
- 1/2 limon (suyu)
- 75 gram şeker
- 1 çay kaşığı tereyağı
- 1/4 çay kaşığı tarçın hazırlanışı

1. Kuru üzümleri romla karıştırın ve yaklaşık 30 dakika bekletin.
2. Dövülmüş bademleri yağsız kuru bir tavada hafifçe kızartın. Muzları soyun ve uzunlamasına ikiye bölün. Hemen limon suyuyla fırçalayın.
3. Büyük bir tavada şeker ve tereyağını kısık ateşte eritin. Muzları ekleyin ve bir kez çevirerek kısaca kızartın. Kuru üzüm ve romu ekleyin ve muzları tarçınla baharatlayın.
4. Şeker eriyene kadar kaynatalım. Muzları düzenleyin ve kuşbaşı badem serpin.
5. Foster muzlarını hala sıcakken servis edin.

30. Çikolata parçacıklı kurabiyelerde süper yiyecek

Bileşen

- ½ fincan fıstık ezmesi
- ½ su bardağı soya sütü
- 8 Medjool tarihi
- 1 su bardağı badem unu
- 1 su bardağı yulaf ezmesi
- 1 su bardağı yulaf ezmesi
- ¼ fincan öğütülmüş keten tohumu
- ½ su bardağı goji berry
- ½ fincan kakao çekirdeği
- 1 olgun muz
- 1 yemek kaşığı vanilya

Hazırlık

1. Tüm malzemeleri bir mutfak robotuna koyun ve iyice birleşene kadar karıştırın.
2. Karışım yemek kaşığını parşömen kağıdıyla kaplı bir çerez kağıdına yerleştirin.
3. Karışımı aşağı bastırmak için başka bir parşömen kağıdı kullanın.
4. 350 ° F'de (176 ° C) 20 dakika pişirin.

31. Vegan Çikolatalı Dondurma

Bileşen

- 3 dondurulmuş muz
- ¼ fincan şekersiz badem sütü
- 3 yemek kaşığı kakao veya kakao tozu
- ¼-½ çay kaşığı tarçın tozu (isteğe bağlı)

Hazırlık

1. Dondurulmuş muzları ve badem sütünü bir mutfak robotu veya karıştırıcıya yerleştirin.
2. İpeksi olana kadar iyi işleyin.
3. Kakao ve tarçını ekleyin.
4. İyice karışana kadar işlem yapın

5. Dondurmayı 15-20 dakika buzlukta bekletin.
6. Hemen tüketin.

32. 4 malzemeli çikolatalı mus

Bileşen

- 2 kutu 12.3 ons ipeksi tofu
- 4 yemek kaşığı kakao tozu
- 1 çay kaşığı vanilya
- 1 bardak tarih ezmesi

Hazırlık

1. Malzemeler iyice karışana kadar tofu, kakao tozu, hurma ezmesi ve vanilyayı bir karıştırıcıda karıştırın.

2. Servis yapmadan önce buzdolabında saklayın ve daha da kalınlaşacaktır.

33. Ananaslı ve taze limonlu buzlu turta yaban mersini

Bileşen

- ¼ fincan taze limon suyu (yaklaşık 2 limon)
- ¼ su bardağı su
- 1 su bardağı taze ananas, doğranmış
- ¼ çay kaşığı rendelenmiş limon kabuğu
- ¼ fincan taze yaban mersini, durulanmış ve tamamen kurutulmuş

Hazırlık

1. Yüksek hızlı bir karıştırıcıya taze meyve suyu, su, ananas ve rendelenmiş limon kabuğu ekleyin. Topaklar bitene kadar işleyin.
2. Karışımı dikkatli bir şekilde otomatik dondurma makinesinin kabına dökün ve üreticinin talimatlarına göre işlemden geçirin.
3. Son 10 dakikada taze meyveleri ekleyin. Hemen tadını çıkarın veya dondurucuda bir saat veya daha fazla sertleşmesine izin verin.

34. Çikolata parçalı dondurma

Bileşen

- 2 su bardağı sütsüz süt
- ¾ fincan saf akçaağaç şurubu
- 1 yemek kaşığı saf vanilya özü
- ⅓ ince doğranmış veya kuşbaşı doğranmış yarı tatlı vegan çikolata parçaları

Hazırlık

1. Süt içermeyen süt, akçaağaç şurubu ve vanilyayı geniş bir kapta iyice karışana kadar çırpın.

2. Karışımı dikkatli bir şekilde otomatik dondurma makinesinin kabına dökün ve üreticinin talimatlarına göre işlemden geçirin.
3. Son 10 veya 15 dakika içinde doğranmış çikolatayı ekleyin ve istenilen kıvam elde edilene kadar işlemeye devam edin. Gelatonun tadını hemen çıkarın veya dondurucuda bir saat veya daha fazla sertleşmesine izin verin.

35. Fıstık ezmesi ve jöleli dondurma

Bileşen

- 2 su bardağı süt içermeyen süt, sade, şekersiz
- ⅔ fincan akçaağaç şurubu
- 3 yemek kaşığı kremalı doğal fıstık ezmesi
- ½ çay kaşığı öğütülmüş zencefil
- 2 çay kaşığı saf vanilya özü
- 6 yemek kaşığı konserve meyve

Hazırlık

1. Süt, akçaağaç şurubu, fıstık ezmesi ve vanilyayı büyük bir kapta iyice karışana kadar çırpın. Karışımı dikkatli bir şekilde otomatik bir kap içine dökün.

dondurma makinesine yerleştirin ve üreticinin talimatlarına göre işleyin.
2. Son 10 dakika konserve meyveleri ilave edin ve istenilen kıvam elde edilinceye kadar dondurma ile karışmasını sağlayın. Dondurmanın tadını hemen çıkarın veya dondurucuda bir saat veya daha fazla sertleşmesine izin verin.

36. Vegan muhallebi

içindekiler

- 500 ml badem sütü
- 40 gr mısır nişastası
- 50 gr pudra şekeri
- 2 paket vanilya şekeri
- 2 bakla vanilya hazırlığı

1. Vanilyalı puding için vanilya çubuklarını uzunlamasına kesin ve posasını kazıyın. 450 ml badem sütü, vanilya şekeri, vanilya özü ve vanilya çubuğunu kaynatın. Pudra şekeri ve mısır nişastasını 50 ml badem sütü ile karıştırın.

2. Süt kaynar kaynamaz vanilya çubuğunu çıkarın ve pudra şekeri-mısır nişastası karışımını karıştırın. Kısık ateşte, sürekli karıştırarak, karışım koyulaşana kadar pişirin.
3. Muhallebi Schüsserl'i doldurur ve daha erken sönmesine izin verir veya hemen ısınmasının tadını çıkarır.

37. Tsampa lapası vegan

içindekiler

- 250 ml soya sütü
- 2 yemek kaşığı tsampa
- 5 yemek kaşığı hindistan cevizi gevreği
- 2 yemek kaşığı agave şurubu
- 1 tutam vanilya
- 1 tutam tarçın
- Meyveler (isteğe bağlı olarak)

hazırlama

1. Tsampa püresi için soya sütünü kaynatın ve tsampayı bir çırpma teli ile karıştırın.
2. Hindistan cevizi pulları, chia tohumları, agave şurubu ve baharatları karıştırın. Biraz

kaynamaya bırakın, bir süre sonra yulaf lapası güzelce kalınlaşır.
3. Taze meyveleri (incir ve erik) küçük parçalar halinde kesin ve ılık yulaf lapasına katlayın.
4. Tsampa lapası, sıcak yenildiğinde en iyi tadı verir!

38. Ahududulu krep vegan

içindekiler

- 250 ml badem içeceği
- 1 yemek kaşığı huş şekeri
- 1 kutu (lar) hindistan cevizi sütü
- 1 yemek kaşığı sebze
- 150 gr kepekli un
- 2 yemek kaşığı hindistan cevizi yağı (pişirme için)
- 6 yemek kaşığı ahududu reçeli (fırçalamak için)
- 1 çay kaşığı ahududu şekeri (dekorasyon olarak)

- 1 paket burbon vanilyalı şeker

hazırlanışı
1. Ahududulu pankek için bademli içeceği bir kaseye alın. Hindistan cevizi sütü kutusunu açın ve sıvıyı bir bardağa dökün, katıyı "çırpılmış krema" olarak saklayın.
2. Sebzeyi sıvı hindistan cevizi sütüne karıştırın ve biraz şişmesine izin verin, sonra hecelenmiş un, hindistancevizi karışımı ve badem içeceği ve huş şekerini karıştırın, güzel bir gözleme hamuru olması gerekir.
3. Biraz daha un veya sıvıya ihtiyacınız olabilir. Hindistan cevizi sütünün sertliğini vanilya şekeri ile mikser yardımıyla çırpın.
4. Hindistan cevizi yağı ile ısıtılmış bir tavada dört krep pişirin. Reçel ile fırçalayın ve hindistancevizi çırpılmış krema ve ahududu şekeri ile süsleyerek servis yapın.

39. Kivi ve muzlu hindistan cevizi sütü pirinci

içindekiler

- 300 ml hindistan cevizi sütü
- 100 gr uzun taneli pirinç
- 1 tutam tuz
- 1 çay kaşığı akçaağaç şurubu
- 1 adet muz
- 1 adet kivi

hazırlık

1. Kivi ve muzlu hindistan cevizi sütü pirinci için hindistan cevizi sütünü kaynatın ve tuzlayın. Pirinç serpin ve yumuşayana kadar pişirin (paket talimatlarına göre!).
2. Bu arada, meyveleri soyun ve dilimler halinde kesin. Bitmiş sütlaç akçaağaç şurubu ile baharatlayın. Bir tabağa dökün ve hindistan

cevizi sütü pirincini muz ve kivi dilimleri ile süsleyin.

40. Çıtır pişmiş muz

içindekiler

- 1 adet muz
- 2-3 yaprak yufka (30x31 cm)
- 1 yemek kaşığı limon suyu
- 2 yemek kaşığı ceviz (rendelenmiş)
- 3-4 yemek kaşığı kolza yağı
- 1 yemek kaşığı toz şeker hazırlanışı

1. Çıtır çıtır pişmiş muzlar için fırını önceden 200 °C alt ve üst ısıda ısıtın. Muzu soyun, 4 eşit parçaya bölün ve üzerine limon suyu gezdirin.
2. Milföy hamurlarını kolza yağı ile yağlayıp üst üste gelecek şekilde dizin. Hamur tabakasını kabaca eşit 4 kareye kesin.

3. Muz parçalarını rendelenmiş cevizlerin içinde yuvarlayın ve bir parçayı bir karenin ortasına yerleştirin. Kenarları katlayın ve paketi pişirme kağıdının üzerine yerleştirin.
4. Yağın geri kalanıyla fırçalayın ve her birinin üzerine küçük bir toz şeker yığını koyun. Altın kahverengi ve gevrek olana kadar yaklaşık 10 dakika pişirin.
5. Fırında çıtır çıtır muzlar en iyi şekilde sıcak olarak buzla ya da kahveyle servis edilir.

ATIŞTIRMALIK TARİFLERİ

41. Ekmek ve peynir şişleri

içindekiler

- 2 dilim balkabağı
- 25 gr yağsız krem peynir
- 50 gr bütün, az yağlı yarı sert peynir
- 1/4 salatalık
- 1/4 elma
- 4 adet kokteyl domates
- tuz biber
- 2 tahta şiş

hazırlık

1. Ekmek ve peynir şişleri için, balkabağı dilimlerini ikiye bölün, ikiye bölünmüş balkabağı dilimlerini 1 yemek kaşığı krem peynirle kaplayın, üzerine bir dilim ekmek daha koyun, tekrar krem peynirle kaplayın, üçüncü dilimi üstüne koyun, krem peynir ve balkabağı ile kaplayın.
2. Ekmek bloğunu 2 cm'lik küpler halinde kesin. Sert peyniri de daha küçük küpler halinde kesin. Elmayı üç kama halinde kesin.
3. Tahta şişlerin üzerine dönüşümlü olarak balkabağı blokları, salatalık dilimleri, elma parçaları, peynir küpleri ve domates koyun. Daha sonra ekmek ve peynir şişlerine biraz tuz ve bol taze çekilmiş karabiber serpin.

42. Kızarmış rulolar

içindekiler

- 12 dilim tost (kabuğu soyulmuş)
- 200 gr çedar (rendelenmiş)
- 2 yemek kaşığı tereyağı
- 2 yumurta
- 4 yemek kaşığı çam fıstığı (kavrulmuş)
- Deniz tuzu
- Öğütücüden biber) ◊ Pesto için:
- 1 kavanoz domates (kuru, 370 gr)
- 5 kapari
- 25 gr çam fıstığı (kavrulmuş)
- 1 diş sarımsak

- 5 yemek kaşığı sıvı yağ (domates kavanozundan)
- 50 gr parmesan (rendelenmiş)
- 1 çay kaşığı pul biber (isteğe bağlı)
- Deniz tuzu

☐Öğütücüden biber) hazırlanması

1. Tost ekmeği için önce pesto sosunun tüm malzemelerini uzun bir kapta el blenderi ile karıştırın ve deniz tuzu ve karabiber ile tatlandırın.
2. Tost için ekmek dilimlerini merdane ile ince bir şekilde açın. Pestoyu yüzeylere ince bir şekilde yayın ve üst kenardan yaklaşık 1 cm serbest bırakın. Üzerine rendelenmiş kaşar peyniri serpin ve üzerine çam fıstığı serpin. Tost dilimlerini sıkıca sarın.
3. Süt ve yumurtayı birlikte çırpın. Yapışmaz bir tavada tereyağını eritin. Tost rulolarını süt ve yumurta karışımından geçirin ve ardından altın kahverengi olana kadar tereyağında kızartın.

43. Hindi ve salatalık burgeri

içindekiler

- 600 gr hindi şnitzel
- 12 marul yaprağı
- 1 salatalık
- 6 yemek kaşığı mayonez
- 6 baget rulo (veya 1 büyük baget)
- tuz
- biber
- Tereyağı (kızartma için)

hazırlık

1. Hindi ve salatalık burgeri için marul yapraklarını yıkayın ve kurulayın. Salatalık yıkanır ve dilimler halinde kesilir. Hindi

şnitzelini tuz ve karabiberle tatlandırın. Yağı bir tavada ısıtın ve şnitzeli her iki taraftan 4-5 dakika kızartın.

2. Tavadan çıkarın ve şeritler halinde kesin. Baget rulolarını uzunlamasına kesin ve ekmeğin alt yarısını mayonezle kaplayın. Üzerine marul yapraklarını ve salatalık dilimlerini koyun, hindi şeritlerini üstüne yayın ve bageti tekrar kapatın.

44. Karidesli ve enginarlı tortilla

içindekiler

- 200 gr karides (soyulmuş ve pişmiş)
- 4 adet enginar (salamura, konserve veya cam)
- 5 yumurta
- 2 yemek kaşığı limon suyu
- Deniz tuzu (değirmenden)
- Biber (değirmenden)
- zeytin yağı

hazırlık

1. Karidesleri limon suyuyla gezdirin ve enginarları sekize bölün. Bir tavada biraz zeytinyağını ısıtıp karidesleri kısa süre

kızartın. Bir kapta yumurtaları tuz ve karabiberle çırpın, karideslerin üzerine dökün ve kısa bir süre bekletin. Enginarları üzerine yayın ve tekrar kısaca kızartın.
2. Alt kısım altın rengine döner dönmez, tavaya bir kapak koyun ve ters çevirin, böylece tortilla kapağın üzerinde dursun. Tortillayı tavaya geri koyun ve diğer tarafı altın kahverengi olana kadar pişirin. Dilediğiniz büyüklükte kek parçalarına ayırıp isteğe göre sıcak veya soğuk servis yapın.

45. Otlu saksılı kulüp sandviçi

içindekiler

- 100 gr kuark (yağsız)
- 4 dilim tost ekmeği
- 10 adet kokteyl domates
- Lahana Yaprakları
- 2 yemek kaşığı yoğurt
- 1 salatalık
- tuz
- biber
- 1 diş sarımsak
- 1 damla limon suyu
- Otlar (dereotu, frenk soğanı, maydanoz) hazırlanışı

1. Otlu çömlekli kulüp sandviçi için, salatalığın ilk yarısının çekirdeklerini çıkarın, kabaca rendeleyin, tuzlayın ve birkaç dakika demlenmesine izin verin. Ardından akan suyu sıkın. Şimdi sarımsak karanfillerini doğrayın. Yoğurt ve lor peyniri tuz ve karabiber ile tatlandırın, doğranmış sarımsak karanfil ve rendelenmiş salatalığı ekleyin ve limon suyu ile rafine edin.
2. Bu arada ekmek dilimlerini ve tostları ikiye bölün. Kiraz domatesleri ve salatalığın ikinci yarısını dilimler halinde kesin. Servis yapmak için yarım dilim tostu quark kremasıyla fırçalayın.
3. Kokteyl domatesleri, biraz marul ve salatalık dilimlerini üstüne yayın ve son olarak ikinci bir dilim tost ile üstüne koyun ve kulüp sandviçini bir ot tenceresine kürdan ile sabitleyin.

46. Tatlı patatesli turta ruloları

içindekiler

- 1 paket turta hamuru
- 1 tatlı patates (büyük)
- 1 çay kaşığı biber (ince doğranmış)
- 1 yemek kaşığı kekik (ince doğranmış)
- 1 yumurta
- tuz
- biber
- Tereyağı (eriyik)
- 1000 ml ayçiçek yağı (kızartma için)

hazırlanışı

1. Tatlı patatesleri soyun ve kabaca rendeleyin, kalan malzemelerle karıştırın ve tuz ve karabiberle tatlandırın.

2. Strudel hamurlarını tereyağ ile yağlayın ve üst üste koyun, hamurdan yuvarlak veya kareler kesin, ortasına 1 çay kaşığı iç harcı koyun ve uçlarını sıkıca bastırın.
3. Turta rulolarını tatlı patateslerle yakl. 2-3 dakika bol kızgın ayçiçek yağında altın sarısı olana kadar, mutfak kağıdının üzerine boşaltın ve servis yapmadan hemen önce biraz tuz serpin.

47. Elmalı ve havuçlu atıştırmalık

içindekiler

- 2 elma
- 500 gr havuç
- 1 limon (suyu) ▢ 125 ml ekşi krema

- 1 çay kaşığı şeker
- 1 çay kaşığı soğan (ince doğranmış)
- tuz
- biber
- 2 yemek kaşığı fındık (doğranmış) hazırlanışı

1. Elmaları ve havuçları soyup rendeleyin.
2. Limon suyuyla gezdirin.
3. Soğanları soyun ve ince dilimler halinde kesin.
4. Ekşi krema, şeker, soğan, tuz ve karabiberi karıştırın, elma ve havuç karışımının üzerine dökün ve hafifçe karıştırın.
5. Elma ve havuçlu atıştırmalıkları fındıkla serpin.

48. Biber cipsi

içindekiler

- 2 patates (orta boy)
- 1 yemek kaşığı zeytinyağı
- 1 çay kaşığı toz kırmızı biber
- tuz

hazırlık

1. Paprika cipsleri için patatesleri fırından soyun ve soyma bıçağıyla ince dilimler halinde kesin. Parşömen kağıdı ile bir fırın tepsisini hizalayın. Pişirme kağıdını zeytinyağı ile ince bir şekilde fırçalayın. Üzerine patates dilimlerini yerleştirin ve zeytinyağı ile hafifçe fırçalayın.

2. Pul biber ve tuz serpin. Biber cipsleri 220 ° C'de önceden ısıtılmış fırında 6 dakika kızarana kadar pişirilir.

49. Vejetaryen tost

içindekiler

- 4 dilim kepekli tost ekmeği
- 4 yemek kaşığı pesto (Rosso)
- 1-2 domates (olgun) ☐ 80 gr koyun peyniri
- 1 avuç roket
- balzamik dondurma

hazırlık

1. Vejetaryen tost için önce 4 dilim tostu kızartın. Daha sonra her bir tost dilimini çapraz olarak kesin, böylece bir dilim tost iki üçgen olur.
2. İki üçgenin her birine yarım yemek kaşığı pesto rosso sürün. Cennet peynirini ve koyun peynirini ince dilimler halinde kesin, 4 adet kızarmış ekmek üçgeninin her birini dönüşümlü olarak bir kat domates ve bir kat koyun peyniri ile kaplayın.
3. Son katın üzerine birkaç damla balzamik dondurma koyun, yıkanmış rokayı dört kızarmış ekmek üçgeninin üzerine dağıtın ve kalan dört üçgeni kapatın. Vejetaryen tostu biraz balzamik dondurma ve domatesle tabağa yerleştirin ve hemen tadını çıkarın.

50. Kızarmış patates cipsi

içindekiler

- 500 gr patates (mavi veya sarı)
- 400 ml sıvı yağ (kızartma için)
- Otlar (karışık, isteğe bağlı)
- tuz

hazırlık

1. Kızarmış patates cipsi için patatesleri iyice yıkayın ve kurulayın. Daha sonra patatesleri kabuğu ile uzunlamasına ince, eşit dilimler halinde bir kesme makinesi veya sebze dilimleyici ile kesin.
2. Dilimleri bir elek içinde akan su altında berrak görünene kadar yıkayın, kurulayın ve kızgın yağda çıtır çıtır olana kadar pişirin.

3. Cipslerin mutfak kağıdı üzerinde tamamen kurumasını bekleyin ve ardından tuzla tatlandırın.
4. Kızarmış patates cipsini otlar ile baharatlayın ve servis yapın

51. Kırmızı elma püresi ve pancar

Bileşen

- 2 su bardağı soyulmamış elma, doğranmış veya rendelenmiş
- 1 su bardağı kemiksiz kiraz veya karışık çilek
- 1 su bardağı soyulmamış rendelenmiş pancar

- 1 yemek kaşığı tarih ezmesi
- ½ çay kaşığı tarçın
- 2 yemek kaşığı su

Hazırlık

1. Tüm malzemeleri bir tencereye koyun.
2. Kaynatın ve elmalar ve pancarlar yumuşayana kadar 10-15 dakika pişirin.
3. Daha pürüzsüz bir kıvam için patates ezici ile ezin veya mutfak robotunda işleyin.
4. Tek başına servis yapın veya Cadılar Bayramı ikramlarını süslemek için kullanın.

52. Elma "Cadılar Bayramı" lambaları

Bileşen

- 6 kırmızı elma
- 1 su bardağı fıstık ezmesi
- 1 yemek kaşığı tarih ezmesi
- ½ çay kaşığı balkabağı turtası baharatı
- 1 su bardağı yağsız granola

Hazırlık

1. Fırını 300-350 ° F'ye (177 ° C) önceden ısıtın.
2. Her elmanın üstünü kesin.
3. Kaşık veya kavun ile içini çıkarın. Duvarların kalın olduğundan emin olun.
4. Gözleri ve ağzı yapmak için el fenerinin yüzünü dikkatlice oy.
5. Fıstık ezmesini bir tencerede pürüzsüz ve pürüzsüz olana kadar eritin.
6. Bir kapta eritilmiş fıstık ezmesini hurma ezmesi ve balkabağı baharatlarıyla birleştirin.
7. Elmaları fıstık ezmesi karışımıyla doldurun ve elma üstlerini değiştirin.
8. Elmaları fırın tepsisine 10 dakika pişirin.
9. Granolayı elmaların içine koyun ve 10 dakika daha pişirin.
10. Hemen servis yapın.

53. Tatlı patatesli badem ezmeli tost ve yaban mersini

Bileşen

- 1 tatlı patates, yarım santimetre kalınlığında dilimlenmiş
- ¼ fincan badem yağı
- ½ su bardağı yaban mersini

Hazırlık

1. Fırını 350-360 ° F'ye (177 ° C) önceden ısıtın.
2. Tatlı patates dilimlerini fırın kağıdına yerleştirin. Yumuşak olana kadar pişirin, yaklaşık 20 dakika. (Ayrıca ekmek kızartma makinesinde de pişirebilirsiniz, ancak üç veya

dört döngü için yüksek sıcaklıkta etkinleştirmeniz gerekir).
3. Sıcak servis yapın, fıstık ezmesi ve kızılcık ile kaplayın. Kalan tatlı patates dilimlerini, sossuz, hava geçirmez bir kapta buzdolabının içinde bir hafta boyunca saklayın. Bunları bir ekmek kızartma makinesinde veya ekmek kızartma makinesi fırınında tekrar ısıtın ve talimatlara göre örtün.

54. Gösterişli avokado tostu

Bileşen

- 2 dilim ekmek
- 1 avokado, dilimlenmiş
- ½ limon suyu
- 2 yemek kaşığı kabak çekirdeği
- 1 tutam kırmızı pul biber
- 1 tutam füme kırmızı biber
- 1 tutam susam
- 1 tutam tuz
- 1 tutam kara biber

Hazırlık

1. Ekmeği kızartın.
2. Avokado dilimlerini tost üzerine yerleştirin.
3. Avokadonun üzerine limon suyunu serpin.
4. Üzerine tatmak için kabak çekirdeği, kırmızı pul biber, susam, tuz ve karabiber serpin.

55. Kabak ve yulaf ezmesi çubukları

Bileşen

- 3 su bardağı kalın yulaf ezmesi
- 1 su bardağı çekirdeksiz hurma
- ½ su bardağı kaynar su
- 2 çay kaşığı balkabağı turtası baharatı
- 1 yemek kaşığı öğütülmüş keten tohumu veya chia tohumu
- ¼ fincan küçük dilimlenmiş fındık (isteğe bağlı)
- ¼ su bardağı bitkisel süt
- 1 su bardağı ezilmiş kabak

Hazırlık

1. Fırını 350 derece F'ye önceden ısıtın.
2. Hurmaları küçük küçük doğrayıp bir kaseye alın ve üzerine sıcak suyu dökün. 10 dakika bekletin.
3. Kuru malzemeleri bir kaseye ekleyin ve iyice karıştırın.
4. Kuru malzemelere su, kabak ve bitkisel sütle birlikte hurma ekleyin ve iyice karıştırın.
5. Kare bir fırın tepsisini fırın kağıdıyla kaplayın ve ardından karışımı tepsiye sıkıca bastırın.
6. 15-20 dakika pişirin.
7. Karışımı 16 kareye veya 8 büyük çubuğa kesmeden önce kapta tamamen soğumaya bırakın.
8. 7 güne kadar buzdolabında saklayın.

56. Yulaf Ezmesi ve Elmalı Kurabiye

Bileşen

- 2 su bardağı glutensiz yulaf ezmesi
- 2 su bardağı elma püresi
- ½ su bardağı kuru üzüm
- 1½ yemek kaşığı chia tohumu
- 2 çay kaşığı tarçın

İşlem

1. Fırında 350 ° F'ye (177 ° C) ön ısıtma yapın.
2. Orta boy bir kaseye 5 malzemeyi de koyun ve birleşene kadar karıştırın. Fırının ısınması sırasında 10 dakika bekletin.
3. Karışımdan (pişirme kâğıdına sarılmış) büyük kaşıklar halinde çerez kağıdına servis yapın.

Karışımı kaşığın arkasıyla hafifçe düzleştirin ve istediğiniz büyüklükte ve şekilde yayın. Yaklaşık 25 dakika pişirin.
4. Fırından çıkardıktan sonra kurabiyeleri soğuması için rafa alın.
5. Onları bir kez yemeye çalışmayın!

57. Lezzetli mini sandviçler

Bileşen

- 2 adet ihale salatalık
- 1 parça karpuz kalbi, tercihen yoğun ve parlak, minimum çekirdek çıkarılmış
- 1 tutam siyah susam (kavrulmuş)

Hazırlık

1. Salatalıkların uçlarını keserek başlayın ve ardından her iki ucundan 2 "(5 cm) parça kesin.
2. Orta kısmı başka bir kullanım için ayırın (salatalar vb.).

3. Her yarım daire şeklindeki parçayı ucuna yerleştirin ve her birinden yarım küre almak için bir Paris kaşığının küçük ucunu kullanın.
4. Karpuzun kalbinin aynı parçalarını oymak için aynı tekniği kullanın ve bunları düz tarafı yukarı gelecek şekilde salatalığın içine yerleştirin.
5. Parçalar aynı hizada değilse, fazlalıkları bir soyma bıçağıyla dikkatlice kesebilirsiniz.
6. Çörek otu tohumlarını ıslak parmakla bastırarak ve kavun yüzeyine yayarak bitirin.

58. Kavrulmuş Nohut

Bileşen

- 2 kutu 15 ons (425 g) nohut, durulanmış ve süzülmüş
- 1 çay kaşığı sarımsak tozu ☐ 2 çay kaşığı pul biber
- ½ çay kaşığı deniz tuzu
- 2 yemek kaşığı limon suyu

Hazırlık

1. Fırını 400 ° F'ye (200 ° C) önceden ısıtın. Bir fırın tepsisine parşömen kağıdı serin ve bir kenara koyun.

2. Nohutları bir galonluk (litre) sızdırmaz plastik torbaya koyun ve baharatları ekleyin. Tamamen kaplanana kadar iyice çalkalayın.
3. Hazırlanan fırın tepsisine baharatlı nohutları eşit şekilde yayın.
4. Her 15 ila 20 dakikada bir karıştırarak 45 ila 55 dakika pişirin, böylece nohutlar altın kahverengi olana kadar eşit şekilde pişirilir.
5. İstediğiniz zaman atıştırmalık olarak sıcak veya soğuk servis yapın.

59. Elma püresi ve bademli waffle

içindekiler
- 100 gr yulaf ezmesi
- 50 gr un (tam buğday kepekli)
- 10 gr chia tohumu
- 3 gr kabartma tozu
- 25 gr huş şekeri
- 50 gr badem yağı
- 100 gr elma püresi
- 1 bilgisayar. Limon (organik, rendelenmiş lezzet ve 1 çay kaşığı meyve suyu)
- 50 ml badem sütü (veya başka bir bitki sütü, gerekirse daha fazla)

hazırlık
1. Elma püresi ve bademli waffle için kuru malzemeleri blendera ekleyin ve her şey iyice dövülene kadar karıştırın.
2. Elma püresi, limon suyu, limon kabuğu rendesi, badem yağı ve badem sütünü karıştırın. Bu karışımı yavaş yavaş kuru malzemelere ekleyin ve el mikseri ile karıştırın. Gerekirse, biraz badem sütü ekleyin ve huş şekeri ile baharatlayın. Hamuru 10 dakika dinlenmeye bırakın.
3. Bu arada waffle demirini önceden ısıtın ve gerekirse yağlayın.
4. 1 yemek kaşığı hamurdan waffle demirinin ortasına koyun, kapatın ve elmalı ve bademli waffle'ları yaklaşık 2 dakika pişirin.

60. Bir çubukta buz gibi soğuk karpuz

içindekiler
- 1/4 karpuz
- Tahta çubukların hazırlanması

1. İlk olarak, gerekirse karpuzu çekirdekten çıkarın ve kabuğu ile küçük üçgenler halinde kesin.
2. Kase ile alt taraftaki her parçaya tahta bir çubuk yapıştırın. Kabuk çok sıkıysa, bir yarık yapmak için bir bıçak kullanın.
3. Karpuz köşelerini tamamen donana kadar dondurucuya yerleştirin.
4. Bir çubuktaki karpuz hazır. Ancak onları yoğurt veya çikolataya da batırabilirsiniz.

ÇORBA TARİFLERİ

61. Kestane kremalı çorba

içindekiler

- 1 soğan (küçük)
- 1 yemek kaşığı yağ
- 400 gr kestane
- 1500 ml sebze çorbası
- 200 ml krem şanti
- 1 patates (gerekirse)
- Kekik
- 1 tutam tuz
- 1 tutam biber

- 1 tutam hindistan cevizi (rendelenmiş)

hazırlanışı

1. Kestane kremalı çorba için taze kestanelerin kabuklarını soyun (ya da çabuk olsun isterseniz kabukları soyulmuş kestaneleri kalıptan çıkarın).
2. Arpacıkları soyun ve küçük parçalar halinde kesin. Soyulmuş kestaneleri de parçalara ayırın.
3. Havuçları zeytinyağında hafifçe kavurun. Kestaneleri ekleyip kısaca kavurun.
4. Çorbayı dökün, kekik ekleyin ve her şeyi yaklaşık 30 dakika pişirin.
5. Daha sonra çırpılmış kremayı ekleyip tekrar kaynatın.
6. Kestane kremalı çorbayı el blenderi ile püre haline getirin ve tuz ve karabiberle tatlandırın.

62. Kırmızı lahana ve elma kremalı çorba

içindekiler

- 6 soğan
- sıvı yağ
- 500 gr havuç
- 2 kg kırmızı lahana
- 4 elma (ekşi)
- 500 ml kırmızı şarap
- 300 gr kızılcık kompostosu
- 2 su bardağı ekşi krema
- tuz
- biber
- 1 tutam hindistan cevizi
- 1 çorba küpü
- kırmızı şarap sirkesi hazırlanışı

1. Soğanları soyun ve kabaca doğrayın. Yağı 9 litrelik bir tencerede ısıtın ve soğanları altın kahverengi olana kadar kızartın.
2. Bu arada havuçları soyun, kalın dilimler halinde kesin ve soğanlara ekleyin.
3. Kırmızı lahananın göze hoş gelmeyen dış yapraklarını çıkarın, lahanayı dörde bölün, sert saplarını çıkarın ve lahanayı ince erişte veya dilimler halinde kesin. Elmaları soyun, sekize bölün ve çekirdeği çıkarın.
4. Lahana ve elmaları havuç ve soğanla kısa bir süre kızartın, ardından kırmızı şarapla deglaze edin, biraz su ve her şeyi yumuşayana kadar yaklaşık 30 dakika pişirin.
5. Son olarak kızılcık kompostosu ekleyin, sıvının çoğunu ikinci bir tencereye koyun ve sebzeleri püre haline getirin. Sıvıyı geri boşaltın, istenen kıvama gelene kadar suyla doldurun ve tekrar kısaca pişirin.
6. Ekşi kremayı bir veya iki kaşık çorba ile pürüzsüz olana kadar karıştırın ve çorbaya katlayın.
7. Tuz, karabiber, hindistan cevizi ve çorba küpleri ile tatlandırın, isterseniz bir tutam kırmızı şarap sirkesi ile tatlandırın.

63. Hardallı meyve soslu Tafelspitz

içindekiler

- 800 gr haşlanmış sığır eti
- 4 havuç
- 1 pırasa
- 1 yumru (lar) kereviz (küçük)
- 2 soğan
- 4 yaprak defne yaprağı
- 10 ardıç meyvesi
- 2 karanfil
- 10 tane karabiber
- 2 küp et bulyon Hardal sosu için:
- 1/2 bardak Mostarda Püresi (meyveli karışık)
- 100 gr ekşi krema

- 2 yemek kaşığı mayonez (tepeleme)
- 1/3 çay kaşığı köri tozu
- 100 ml krem şanti
- tuz
- biber

hazırlık

1. Haşlanmış eti bol su ile kaplayın. Başlangıçta, köpüğü düzenli olarak alın.
2. Bu arada havuç, pırasa, kereviz ve soğanı temizleyip ortadan ikiye kesin. Defne yaprağı, ardıç meyvesi, karanfil, karabiber ve bulyon küpleri ile birlikte sebzeleri stoka ekleyin, gerekirse biraz daha su ekleyin. Örtün ve sebzeler yumuşayıncaya kadar kısık ateşte pişirin.
3. Bunu kaldırın ve bir kenara koyun. Etin üzerini örtüp kaynama noktasına gelmeden yumuşayana kadar pişirin.
4. Sosun Hazırlanışı: $\frac{1}{2}$ su bardağı Vanini Mostarda Püresi, meyveli ekşi krema, mayonez, köri; Tuz ve karabiberi karıştırın. Üstünü sertleşene kadar çırpın ve sosun içine katlayın.
5. Haşlanmış eti çorbadan çıkarın, yakl. 1 cm kalınlığında dilimleyin ve bir kapta sıcak tutun.

6. Sebzeleri tekrar çorbada kısaca ısıtın, ardından etlerle birlikte tabaklara koyun ve üzerlerine biraz çorba dökün. Sosu ayrı olarak servis etmek en iyisidir.

64. Beyaz kök kremalı çorba

içindekiler

- 3 yaban havucu
- 3 adet maydanoz kökü
- 3 patates (unlu, küçük)
- 2 diş sarımsak
- 1 arpacık soğanı
- 500 ml sebze suyu
- tuz
- Biber (değirmenden)
- biraz soya mutfağı
- Maydanoz (üzerine serpmek için)
- biraz kolza yağı hazırlığı

1. Beyaz kök kremalı çorba için yaban havucu, maydanoz kökü, patatesleri soyun ve büyük

küpler halinde kesin. Havuçları ve sarımsakları soyup doğrayın ve yağda soteleyin.
2. Kök sebzeleri ekleyin ve kısaca kızartın. Ardından sebze suyunu ekleyin ve sebzeler yumuşayıncaya kadar pişirin. Sebzeleri püre haline getirin ve bir elek ile süzün. Tuz, karabiber ve soya mutfağı ile tatlandırın.
3. Çorba çok kalınsa muhtemelen sebze suyu ekleyin. Tekrar kaynatın, beyaz kök kremalı çorbayı çorba tabaklarına koyun ve üzerine kıyılmış maydanoz ve taze rendelenmiş biber serpin.

65. Tere çorbası

içindekiler

- 4 patates (orta boy, unlu)
- 1 soğan
- Biraz yağ
- 2 avuç tere
- 2 çay kaşığı tuz (düzeltilmiş)
- 4 su bardağı su (250 ml) hazırlanışı

1. Tere çorbası için öncelikle patatesleri ve soğanları soyup küçük küçük doğrayın.
2. Bir tencerede biraz kızgın yağda ikisini de kavurun ve ardından 4 su bardağı su ilave edin. Yaklaşık 15 dakika kaynamaya bırakın.
3. Şimdi terenin 3/4'ünü çorbaya ekleyin ve el blenderi ile püre haline getirin.
4. Son olarak, sadece tadına bakmak için tuz ekleyin ve servis yapmadan önce tere çorbasını kalan tere ile süsleyin.

66. Patates ve alabaş çorbası

içindekiler
- 1 kilo patates
- 1 parça alabaş
- 1-2 l sebze çorbası
- 2 diş sarımsak
- 1 yemek kaşığı zencefil (öğütülmüş)
- 1 yemek kaşığı limon otu (öğütülmüş)
- 1 yemek kaşığı kimyon tohumu (öğütülmüş)
- Biraz tuz
- 2 çay kaşığı mercanköşk (rendelenmiş)

hazırlanışı

1. Patates ve alabaş çorbası için patatesleri soyun ve büyük küpler halinde kesin. Alabaşları da soyun ve kabaca doğrayın.
2. Her iki tür küpü de bir tencereye koyun ve üzerlerine yeterince çorba dökün ve üzerini kapatarak pişirin. Pişirirken, sarımsakları çorbaya sıkın.
3. Her şey yumuşadığında tavayı ocaktan alın ve baharatlarla tatlandırın. Her şeyi iyice püre haline getirin ve gerekirse biraz çorba ekleyin veya biraz baharat ekleyin.

67. Ispanak ve tofu çorbası

içindekiler
- 75 gr tofu
- 50 gr ıspanak (taze)
- 250 ml sebze çorbası
- 1 yemek kaşığı soya sosu
- biber
- tuz

hazırlık

1. Ispanak ve tofu çorbası için sebze çorbasını kaynatın. Tofuyu 5x5 mm'lik küpler halinde kesin ve soya sosuyla birlikte kaynayan çorbaya ekleyin.

2. Isıyı azaltın ve 2 dakika pişirin. Ispanağı doğrayın ve hafifçe karıştırarak 1 dakika pişirin.
3. Ispanak ve tofu çorbasını tuz ve karabiberle tatlandırıp servis yapın.

68. Pancar köpüğü çorbası

içindekiler

- 500 ml pancar suyu
- 200 gr soya kreması
- 1 yemek kaşığı sebze çorbası tozu
- Maydanoz (doğranmış)
- Biber (değirmenden)
- Baharatlı Tuz hazırlama

1. Pancar köpüğü çorbası için pancar suyunu sebze çorbası tozuyla birlikte kaynatın. Ardından soya kremasını ekleyip tuz ve karabiberle tatlandırın.
2. Güzel bir köpük elde edene kadar el blenderi ile köpürtün. Çorba kaselerine paylaştırın ve üzerine kıyılmış maydanoz serpin. Kırmızı pancar çorbası servis edilir.

69. Sodyumsuz sebze suyu

Bileşen

- 2 sarı soğan, dilimlenmiş
- 3 diş sarımsak, kıyılmış
- 6 havuç, soyulmuş ve dilimlenmiş
- 4 kereviz sapı, dilimlenmiş
- 5 dal dereotu
- 4 dal maydanoz
- 4 taze soğan
- 10 bardak su

Hazırlık

1. Soğanları orta ateşte büyük bir tencereye ekleyin ve kokusu çıkana kadar yaklaşık bir

dakika karıştırın. Sarımsak, havuç, kereviz, dereotu, maydanoz ve yeşil soğanı ekleyin ve otlar kokularını bırakana kadar yaklaşık bir dakika pişirin.
2. Suyu ekleyip kaynamaya bırakın. Ateşi kısın, tencerenin kapağını kapatın ve 45 dakika pişirin.
3. Isıyı kapatın ve suyu soğuması için yaklaşık 15 dakika bekleyin.
4. Et suyunu bir elekten süzün ve buz kovalarında dondurun veya hemen kullanacaksanız cam kavanozlara dökün. Bir hafta kadar kalacak.

70. Elma-havuç-zencefil çorbası

içindekiler

- 1 soğan (büyük)
- 2 diş sarımsak
- 250 gr havuç
- 1 zencefil yumru
- 1/2 limon (suyu)
- 1 elma
- 125 ml beyaz şarap (kuru) ▯ 500 ml sebze suyu
- 1 yemek kaşığı kolza yağı

▯ tuz**hazırlık**

1. Elma-havuç-zencefil çorbası için soğan, sarımsak, havuç, zencefil ve elmaları soyun ve

küçük parçalar halinde kesin. Soyulmuş elmaları limon suyuyla gezdirin.
2. Soğanı ve sarımsağı biraz yağda kısaca kavurun, şarapla deglaze edin ve sebze suyunun üzerine dökün. Daha sonra orta ateşte çorbanın içinde havuçları yumuşayıncaya kadar pişirin.
3. Elmaları ve zencefili ekleyin ve 1-2 dakika pişirin. Elma-havuç-zencefilli çorbayı püre haline getirin ve tuzlayın.

SOS TARİFLERİ

71. Domates ve fesleğen soslu Gnocchi

içindekiler

- 1 parça soğan
- 1 çay kaşığı zeytinyağı
- 1 kutu domates püresi (400 gr)
- tuz biber
- 1 paket gnocchi (bitmiş ürün, 500 gr pişmemiş)
- su
- tuz
- 20 gr parmesan peyniri

10 adet fesleğen yaprağı hazırlanışı

1. Domates ve fesleğen soslu gnocchi için soğanı ince ince doğrayın. Soğan parçalarını zeytinyağında kavurun. Üzerine domatesleri dökün, tuz ve karabiber serpin ve birkaç dakika pişirin.
2. Bu sırada gnocchi'yi bol hafif tuzlu kaynar suya koyun ve paketin üzerindeki tarife göre pişirin ve süzün.
3. Gnocchileri derin tabaklara yerleştirin, üzerlerine domates sosu dökün, rendelenmiş Parmesan peyniri ile servis yapın ve üzerine iri kopmuş fesleğen yaprakları serpin.

72. Barbekü sosu

içindekiler

- 1 soğan
- 2 diş sarımsak
- 1 zencefil yumru (küçük)
- 1-2 acı biber
- 2 dal kekik
- 2 dal biberiye
- 1 çay kaşığı kişniş tohumu (öğütülmüş)
- 100 gr şeker (kahverengi)
- 2 portakal (suyu)
- 1 limon (suyu)
- 2 yemek kaşığı Worcestershire sosu

  500 gr domates ketçap (veya domates püresi)
- 1 yemek kaşığı tarhun hardalı
- 1 yemek kaşığı toz kırmızı biber (füme veya normal)
- tuz
- biber

zeytinyağı **hazırlık**

1. Barbekü sosu için önce soğanı, sarımsağı ve zencefili soyun ve acı biberle birlikte bir

mutfak robotunda ince bir macun kıvamına gelene kadar karıştırın.
2. Bir tencerede biraz zeytinyağını ısıtın. Macunu baharatlar, otlar ve şekerle ekleyin ve 5 dakika terleyin. Portakal ve limon suyuyla deglaze edin ve biraz azaltın.
3. Ketçap, hardal, Worcestershire sosu ve kırmızı biber tozunu ekleyin ve yaklaşık 30 dakika kısık ateşte pişirin.
4. Barbekü sosunu bir elekten geçirin ve tuz ve karabiber serpin.

73. Soğuk ot sosu

içindekiler

- 200 ml ekşi krema
- 100 gr mayonez
- 1 diş sarımsak (ince doğranmış)
- 1 çay kaşığı hardal
- 50 gr salatalık
- 1 yemek kaşığı frenk soğanı (doğranmış)
- 1 yemek kaşığı maydanoz (doğranmış)
- 1/2 yemek kaşığı hodan (doğranmış salatalık)
- 1/2 yemek kaşığı dereotu (doğranmış)
- 1/2 yemek kaşığı limon otu (doğranmış)
- 1/2 yemek kaşığı Lustock (doğranmış lavaş)
- 1/2 yemek kaşığı tarhun (doğranmış)
- tuz
- Şeker
- Beyaz biber hazırlığı

1. Ekşi kremayı mayonezle karıştırın. Salatalıkları rende üzerine rendeleyin veya çok ince doğrayın (satır ile). Sarımsak ve hardalla karıştırın. İnce kıyılmış tüm otları karıştırın. Tuz, şeker ve beyaz biberle tatlandırın.

74. Yeşil soslu kavrulmuş patates

içindekiler

- 100 gr yemeklik otlar
- 125 gr kuark
- 1 su bardağı yoğurt (%1.5 yağ)
- Baharat tuzu
- biber
- 500 gr patates
- 1 yemek kaşığı tereyağı
- 2 yumurta

hazırlık

1. Gerekirse otları yıkayın, kurutun ve soyun. Biraz otları servis için ayırın, gerisini ince ince doğrayın.
2. Quark ile yoğurdu karıştırın ve otları ekleyin. Bitkisel tuz ve karabiberle tatlandırın.
3. Patatesleri su ile bir tencerede kaynatın ve pişene kadar pişirin. Sonra soyun ve dilimler halinde kesin.
4. Yağı bir tavada ısıtın ve patates dilimlerini kızarana kadar kızartın.
5. Bu arada bir tencerede su ile yumurtaları köpürene kadar pişirin. Sonra soyun ve ortadan ikiye kesin.
6. Yeşil sosu iki tabağa yayın, üzerine yarım yumurtaları koyun ve yanında kızarmış patatesleri servis edin. Otlar serperek servis yapın.

75. Blitz domates sosu

içindekiler

- 1 yemek kaşığı zeytinyağı
- 1/4 soğan
- 1 diş sarımsak
- 850 gr domates (doğranmış, konserve)
- 1 yemek kaşığı domates salçası
- 1/2 dal fesleğen
- tuz
- Biber (değirmenden) hazırlanışı

1. İlk önce soğanı ve sarımsağı soyun ve doğrayın.
Fesleğeni ayıklayıp doğrayın.

2. Soğanı ve sarımsağı zeytinyağında kavurun. Domates salçasını ekleyip domateslerin üzerine dökün.
3. Domateslerin dağılması ve sosu azaltması için yaklaşık 15 dakika pişirin.
4. Parçasız daha da ince bir sos için bu püre haline getirilebilir ve/veya süzülebilir.
5. Sosu tuz, karabiber ve fesleğenle tatlandırın.

76. Kabak sosu

içindekiler

- 1 adet soğan (orta boy)
- 1 bilgisayar. Kabak (küçük Hokkaido)
- 175 gr Philadelphia (bitkiler, krema kıvamında)
- 200 gr brunch (bitkiler)
- Güneş Kapısı (Zırhçı) hazırlığı

1. Soğanı soyun, ince doğrayın ve az yağda kavurun. Kabak çekirdeğini kesin, küpler halinde kesin ve kızartın.

2. Biraz su (en fazla 125 ml) dökün ve hafifçe kaynatın.
3. Yumuşak balkabağını patates ezici ile ezin, krem peyniri ekleyin, tuz, karabiber ve acı baharatla (belki de acı biberle) tatlandırın.
4. Gerekirse, biraz sütle seyreltin.

77. Meyveli kırmızı biber sosu

içindekiler

- 2 biber (kırmızı)
- 1 havuç
- 1 etli domates
- 1 adet soğan (küçük)
- 1 elma
- 1/4 çay kaşığı tuz
- 1 parça zencefil (küçük)
- 200 ml su
- kekik
- Zerdeçal

hazırlık

1. Meyveli kırmızı biber sosu için, doğranmış biber, havuç, domates, soğan ve elma. Baharatları ve zencefili suyla birlikte bir tencereye koyun ve buharda pişirin.
2. Birkaç parça kalacak şekilde el blenderi ile pürüzsüz olana kadar püre haline getirmeyin.

78. Sebzeli domates sosu

içindekiler

- 2 kilo domates
- 100 gr Zeller (temizlenmiş)
- 2 adet Soğanlar
- 3 elma
- 3 havuç
- 1 demet ot
- 5 yemek kaşığı zeytinyağı
- 1 pancar (küçük) hazırlık

1. Domates sosu için, domateslerin kabuklarını soymasını kolaylaştırmak için sıcak su ile haşlayın.

Kabukları soyulduktan sonra ortadan ikiye kesip domateslerin içlerinden olabildiğince çıkarın.
2. Diğer sebzeleri doğrayın, zeytinyağında kızartın, domates parçalarını ekleyin ve yaklaşık 1 saat pişirin.
3. Ardından baharat buketini çıkarın (ben her zaman kekik, kekik, adaçayı ve biberiyeyi birbirine bağlarım) ve sosu püre haline getirin.

79. İspanyol domates sosu

içindekiler

- 5 domates (tamamen olgun)
- 1 adet sivri biber (çekirdeksiz ve ince doğranmış)
- 4 diş sarımsak (ezilmiş)
- 3 yemek kaşığı badem (öğütülmüş)
- 2 cl şeri (kuru)
- tuz
- 1 çay kaşığı şeker
- 1/8 l zeytinyağı
- biber

hazırlık

1. Domates sosu için, domatesleri soyup küp küp doğrayın ve badem, sarımsak ve biberle birlikte ince ince geçirin.
2. Zeytinyağını çok yavaş karıştırın ve domates sosunu şeri, tuz, karabiber ve şekerle baharatlayın.

80. Sıcak balkabağı ve hindistan cevizi sosu

içindekiler

- 1 yemek kaşığı yemeklik yağ
- 1/2 soğan (ince doğranmış)
- 500 gr kabak (soyulmuş, küp doğranmış)
- 1 havuç (iri, kaba rendelenmiş)
- 1 maydanoz kökü (maydanoz kökü, iri rendelenmiş)
- 1/4 yumru (lar) kereviz (kaba rendelenmiş)
- Baharatlı tuz (örneğin, Vegeta; tatmak için)
- 1/2 çay kaşığı biber tozu (kaplanmış)
- 1 kutu hindistan cevizi sütü (şekersiz) müstahzarı

1. Yağı bir tencerede ısıtın ve içindeki soğan şeritlerini kızartın.
2. Kabak, havuç, maydanoz ve kerevizi de ekleyip kavurun. Biraz tuzlayın ve 1 su bardağı su ekleyin. Yaklaşık 10 dakika kaynamaya bırakın.
3. Sebzeler sertleşince üzerlerine pul biber serpin ve hindistan cevizi sütünü üzerlerine dökün.
4. Servis yapmadan önce iyice karıştırın ve gerekirse tuz ekleyin.

81. Kırmızı elma püresi ve pancar

Bileşen

- 2 su bardağı soyulmamış elma, doğranmış veya rendelenmiş
- 1 su bardağı kemiksiz kiraz veya karışık çilek
- 1 su bardağı soyulmamış rendelenmiş pancar
- 1 yemek kaşığı tarih ezmesi
- ½ çay kaşığı tarçın
- 2 yemek kaşığı su

Hazırlık

1. Tüm malzemeleri bir tencereye koyun.

2. Kaynatın ve elmalar ve pancarlar yumuşayana kadar 10-15 dakika pişirin.
3. Daha pürüzsüz bir kıvam için patates ezici ile ezin veya mutfak robotunda işleyin.
4. Tek başına servis yapın veya Cadılar Bayramı ikramlarını süslemek için kullanın.

82. Kızılcık ve portakal sosu

Bileşen

- Bir portakalın kabuğu ve suyu
- ½ su bardağı akçaağaç şurubu
- 1 torba (12 oz - 340 g) taze kırmızı kızılcık
- 1 çay kaşığı tarçın

Hazırlık

- Küçük bir tencereye tüm malzemeleri ekleyin ve kaynamaya bırakın. Sıcaklığı azaltın ve 15 dakika veya yaban mersini patlayana ve sos kalınlaşmaya başlayana kadar pişirin.
- Bir kaseye aktarın ve soğuyana kadar en az bir saat soğutun.

83. Kızılcık Sosu

Bileşen

- 1 çeyrek (946 ml) elma suyu
- ¼ fincan kahverengi pirinç şurubu
- ¼ fincan akçaağaç şurubu
- 8 yemek kaşığı rendelenmiş agar
- 3 su bardağı çiğ kırmızı kızılcık
- 1 çay kaşığı tarçın
- 1 limon, limon suyu ve rendelenmiş kabuğu kullanın
- 1 tutam deniz tuzu (isteğe bağlı)

Hazırlık

- Elma suyunu 3 litrelik bir güveçte pirinç şurubu, akçaağaç şurubu ve agar gevreği ile karıştırın. Tozu seyreltmek için kaynatın ve çırpın.
- Sıcaklık düştükçe kızılcıkları ve tarçını çıkarın. Örtün ve kızılcıklar yumuşayıncaya kadar yaklaşık 10 dakika pişirin.
- Ateşten alın, limon suyunu ve kabuğunu ekleyin.
- Her şeyi bir cam kaba veya kalıba dökün ve buzdolabına koyun; kızılcık sosunun koyulaşması yaklaşık iki saat sürmelidir.

84. Baharatlı Domates Reçeli

Bileşen

- 4 su bardağı üzüm veya kiraz domates, ikiye kesilmiş
- ¼ fincan saf akçaağaç şurubu
- 2 diş sarımsak, kıyılmış
- 1½ çay kaşığı öğütülmüş kimyon veya tadı
- 1 çay kaşığı doğranmış taze kırmızı biber (isteğe bağlı)
- ½ çay kaşığı öğütülmüş kırmızı biber veya tadı

Hazırlık

1. Orta boy bir tencerede, ikiye kesilmiş domatesleri ve akçaağaç şurubunu orta-kısık

ateşte birleştirin. Onları beş dakika veya domatesler suyunu salmaya başlayana kadar ara sıra karıştırarak pişirin.

2. Sarımsak, kimyon, zencefil, kırmızı biber (kullanıyorsanız), ezilmiş kırmızı biber ve deniz tuzunu ekleyin. Her şeyi tavada iyice karıştırın ve kaynatın. Isıyı en aza indirin, örtün ve her 5 ila 10 dakikada bir karıştırarak 30 ila 35 dakika pişirin.

3. Kapağı çıkarın ve fazla sıvıyı biraz gidermek için 5 ila 10 dakika pişirin. Karışımı ısıdan çıkarın ve soğumaya bırakın. Hava geçirmez bir kavanoza aktarın ve bir haftaya kadar buzdolabında saklayın.

85. Vegan tartar sosu

içindekiler
- 50 ml soya sütü
- 100 ml kolza yağı
- 1/2 çay kaşığı limon suyu
- 2 çay kaşığı hardal
- 30 gram turşu
- 20 gr kapari
- 1 yemek kaşığı maydanoz (doğranmış)
- 1 çay kaşığı şeker
- tuz
- biber

hazırlık

1. Tartar sos için turşu ve kaparileri ince ince kıyın. Soya sütü, yağ ve limon suyunu bir blender kavanozuna dökün. El blenderi ile kremsi bir kıvam alana kadar karıştırın (yaklaşık 30 saniye).
2. Kremayı turşu, kapari, hardal, maydanoz, şeker ve biberle karıştırın. Tat vermek için tuz ve şeker ekleyin. Tartar sosu pişmiş mantarlarla iyi gider.

YAN VE ANA YEMEK

86. Brokoli Burritoları

Bileşen

- 1 demet brokoli (yaklaşık 2 su bardağı)
- 1 kutu 15 ons (425 g) nohut
- ½ su bardağı közlenmiş kırmızı biber
- 3 yemek kaşığı limon suyu
- 6 tortilla (un veya glütensiz)
- 6 yemek kaşığı sos (az ya da çok tat)

Hazırlık

1. Brokoliyi buketler halinde kesin veya kırın. Sapları soyun ve 1/2 inç (1,2 cm) kalınlığında dilimler halinde kesin. Onları kaynar su üzerinde sadece yumuşayana kadar, yaklaşık 5 dakika buğulayın.
2. Nohutları süzün ve biber ve limon suyuyla birlikte bir mutfak robotuna koyun. Topaklar bitene kadar işleyin.
3. Yaklaşık 1/4 fincan nohut karışımını bir omlete yayın ve büyük, sıcak bir tavaya yüzü yukarı bakacak şekilde yerleştirin. Tortillayı yumuşayana kadar yaklaşık 2 dakika ısıtın.
4. Tortillanın ortasından bir sıra pişmiş brokoli dağıtın ve üzerine biraz sos dökün. Tortilla tabanını yukarı katlayın, ardından bir taraftan tortillayı brokolinin etrafında yuvarlayın. Kalan ekmeği ile 3. ve 4. adımları tekrarlayın.

87. Fıstıklı patlıcan ve mantar

Sos

Bileşen

- 1 büyük patlıcan
- 1 küçük sarı soğan
- 1 paket 12 ons (340 g) mantar (beyaz, kremalı veya küçük Portobelo)
- ½ su bardağı sebze suyu veya su
- Tatmak için deniz tuzu (isteğe bağlı)

Sosu için

- ⅓ fincan doğal fıstık ezmesi
- ¼ su bardağı su veya düşük sodyumlu sebze suyu

- 1 çay kaşığı agave şurubu
- 1 yemek kaşığı düşük sodyumlu soya sosu (glütene duyarlıysanız buğdaysız soya sosu kullanın)
- 1 yemek kaşığı balzamik sirke

Hazırlık

1. Patlıcanı yaklaşık 1 inç (2,5 cm) büyüklüğünde parçalar halinde kesin ve üzerini örtecek kadar tuzlu suda 15 dakika bekletin. Bu arada soğanı ince ince doğrayın, mantarları dörde bölün. Suda, soğanları yumuşayana kadar soteleyin. Patlıcanı yıkayıp süzün. Patlıcan ve mantarları patlıcanın ıslatma sıvısıyla birlikte tavaya geri koyun. Üzerini örtüp patlıcanlar yumuşayana kadar (5 ila 10 dakika) pişmeye bırakın. 7
2. Karışım pürüzsüz ve kremsi olduğunda agave şurubu, soya sosu ve sirkeyi çıkarın ve karışım tekrar topaksız hale gelene kadar karıştırın.
3. Sotelenen sebzelerin üzerine tavada sosu gezdirin. Kısık ateşte pişirin ve sos kalınlaşana kadar karıştırın, sebzeleri bir veya iki dakika tamamen kaplayın. Seçtiğiniz sıcak pirinç ve buğulanmış fasulye veya diğer yeşil sebzeleri servis edin.

88. Brokoli ve çam fıstıklı Fettuccine

Bileşen

- 1 kilo brokoli
- 8 ons fettuccine (glütene duyarlıysanız glütensiz makarna kullanın)
- 4 büyük domates, doğranmış (veya 28 onsluk bir kutu veya 794 gram doğranmış domates)
- 2 yemek kaşığı çam fıstığı
- 4 büyük sarımsak karanfil, kıyılmış
- ¼ çay kaşığı tuz (isteğe bağlı)
- ¼ kaşık kırmızı pul biber (veya bir tutam acı)

Hazırlık

- Brokoli bölünmüş veya buketler halinde kesilmiş; saplarını soyup dilimleyin. Brokoliyi yumuşayana kadar yaklaşık 5 dakika buğulayın.
- Makarnayı yumuşayana kadar haşlayın. Hızla boşaltın ve durulayın.
- Makarnayı haşlarken sarımsak, kırmızı pul biber veya kırmızı biberi ve çam fıstıklarını suda 1 dakika soteleyin. Domatesleri ekleyin ve orta ateşte 7 dakika pişirin. Brokoliyi ekleyin.
- Hamuru yayın ve geniş bir tabağa sosla kaplayın. Hemen servis yapın.

89. Tam buğday ve siyah pizza hamuru

Fasulyeler

Bileşen

- $\frac{3}{4}$ fincan siyah fasulye (yaklaşık $\frac{1}{2}$ 15 ons kutu veya 425 g)
- $\frac{1}{3}$ su bardağı su
- $1\frac{2}{3}$ bardak ılık su
- $1\frac{1}{4}$ kaşık şeker (veya seçtiğiniz tatlandırıcı isteğe bağlıdır, ancak mayayı beslemek için önerilir)
- $2\frac{1}{4}$ çay kaşığı maya
- $1\frac{1}{2}$ su bardağı ekmek unu
- 1 su bardağı buğday unu
- $\frac{1}{2}$ çay kaşığı tuz (isteğe bağlı)

Hazırlık

1. Fasulyeleri yıkayıp süzün, ardından bir blender veya mutfak robotunda 1/3 su bardağı su ile topaksız hale gelene kadar püre haline getirin. Gerektiği kadar su ekleyin (bir seferde 1 yemek kaşığı artırarak).
2. Sıcak su, şeker, maya ve fasulye püresini birlikte çırpın.

3. Unları ve tuzu karıştırın, yavaş yavaş mayalı karışıma ekleyin (ekmek makinesi kullanmıyorsanız unlu karışımı ilave ederken karıştırın).
4. Hamur elastik olana kadar yoğurun, yükselmesine izin verin ve en az bir saat boyunca örtün.
5. Pizza hamurunu yağsız, hafif yağlanmış bir fırın tepsisine şekil verin.
6. Oluşan hamurun üzerine malzemeleri ve sosu veya sosları yerleştirin.
7. 20 dakika (veya malzemeler pişene kadar) pişirin.

90. Sarımsaklı Ispanak

Bileşen

- 1 büyük demet taze ıspanak
- 3 diş sarımsak
- 1 çay kaşığı sirke
- Sote etmek için su veya düşük sodyumlu sebze suyu

Hazırlık

- Ispanağı yıkayın.
- Sarımsakları soyun ve doğrayın.
- Sarımsakları yumuşayana kadar orta ateşte su veya sebze suyunda soteleyin.

- Isınan tavaya ıspanağı ekleyin. Hepsi zar zor kuruyana kadar ıspanağı çevirmek için maşayı kullanın.
- Sirke ve karabiber serpip servis yapın.

91. tatlı patates!

Bileşen

- 2 ila 3 patates veya tatlı patates (kırmızı patatesler çok renkli bir yemek yapar)
- 2 ila 3 elma
- 1 yemek kaşığı reçel veya sürülebilir meyve (%100 meyve, şeker ilavesiz, şeftali, portakal veya ananas)
- ½ bardak portakal suyu

Hazırlık

1. Fırını 300-350 ° F'ye (177 ° C) önceden ısıtın.
2. Tatlı patatesleri ve elmaları soyun ve ince dilimleyin.

3. Sürülebilir meyve ve portakal suyunu birleştirin.
4. Bir fırın tepsisine tatlı patatesleri ve elmaları yerleştirin.
5. Portakal karışımını tatlı patateslerin ve elmaların üzerine dökün ve bir kapak veya alüminyum ile kapatın.
6. 350 ° F (177 ° C) sıcaklıkta 45 dakika pişirin.
7. Tatlı patatesler çatalla kolayca delindiklerinde hazır olacaktır.

92. Sarımsaklı patates püresi

Bileşen

- 8 orta boy kırmızı patates
- ½ çay kaşığı kara biber
- 10 ila 12 diş taze sarımsak
- 1 ila 2 bardak patates suyu
- 1 su bardağı şekersiz süt
- Sote etmek için su veya düşük sodyumlu sebze suyu
- Tat vermek için tuz veya karabiber (isteğe bağlı)

Hazırlık

1. Patatesleri sekize bölün (kabukları bırakın).
2. Su ile örtün ve orta ateşte yumuşayana kadar yaklaşık 15 dakika kaynatın.
3. Sarımsakları soyun, ezin ve doğrayın.
4. Sarımsakları küçük bir tencerede su veya sebze suyu ile yumuşayana kadar soteleyin. Bir kenara koyun.
5. Suyunuzu toplamak için pişmiş patatesleri bir kasenin üzerine boşaltın.
6. Manuel bir kırıcı veya elektrikli karıştırıcı kullanarak patatesleri ezin. Patateslerin suyundan bir bardak ekleyin ve tuz, karabiber ve sotelenmiş sarımsağı ekleyin.
7. Kremsi bir kıvam elde etmek için gerektiği kadar patates veya sütten daha fazla su ekleyin.
8. Püreyi hemen servis edin veya yemeye hazır olana kadar üstü kapalı sıcak fırında tutun.

93. Fırında patates dolması

Bileşen

- 2 Russet veya Yukon patates (sarı patates), her biri yaklaşık 8 ons (227 g)
- 1/3 su bardağı süt, sütsüz, sade, tatlandırıcısız
- 4 yemek kaşığı humus, yağsız
- 1 su bardağı pişmiş ve doğranmış sebze (soğan, brokoli, karnabahar vb.)
- ½ çay kaşığı acı sos
- ½ çay kaşığı koşer tuzu (isteğe bağlı)

Hazırlık

1. Fırını 300-375 ° F'ye (190 ° C) önceden ısıtın. Patatesleri iyice yıkayarak ve pişirme işlemi sırasında dumanın çıkması için birkaç kez çatal veya bıçak sokarak pişirmeye hazırlayın.
2. Yaklaşık bir saat veya çatal yerleştirirken yumuşayana kadar pişirin. Onları fırından çıkarın ve dokunacak kadar soğuyana kadar dinlenmeye bırakın. Patatesleri uzunlamasına kesin.
3. Patateslerin içini bir kaşıkla çıkarın ve bir kaseye koyun ve kabuklarını kırmamaya dikkat edin. Destek için patatesin küçük bir kenarını sağlam bırakın.
4. Hazırlanan patates kabuklarını fırın tepsisine bırakın.
5. Patateslerin içini, kalan malzemelerle birlikte bir kapta karıştırın ve tamamen birleştirin. Karışımı, her yarım yuvarlak ve neredeyse taşacak kadar eşit şekilde patates kabuklarına geri dökün. Onları tekrar fırına koyun ve sıcak olana kadar pişirin, yaklaşık 15 dakika. Fırından çıkarın ve hemen servis yapın.

94. Körili pilav

Bileşen

- 1 doğranmış soğan
- 5 veya 6 su bardağı pişmiş esmer pirinç
- 2 çay kaşığı köri tozu
- 1 paket 16 ons (454 g) dondurulmuş bezelye ve havuç, buğulanmış ve süzülmüş
- Tuz (isteğe bağlı) ve tatmak için karabiber
- ¼ fincan kuru üzüm, öğütülmüş
- ¼ fincan çiğ, fileto ve kızarmış badem

Hazırlık

1. Dilimlenmiş soğanı yapışmaz bir tavada altın kahverengi olana kadar kavurun. Soğanın

tavaya yapışmasını önlemek için gerekirse biraz su ekleyin.
2. Altın soğana pişmiş kahverengi pirinç, köri tozu, buharda pişirilmiş bezelye ve havuç ekleyin. Onları iyi birleştirin.
3. Tuz (isteğe bağlı) ve biberle cömertçe baharatlayın. Körili pirinç karışımını kuru üzüm ve badem ile karıştırın ve hemen servis yapın.

95. Patates püresi

Bileşen

- 3 kilo patates, kırmızı ve sarı karışımı (Yukon Gold)
- ½ avuç maydanoz
- ¼ su bardağı besin mayası
- ½ çay kaşığı kara biber
- 2 su bardağı doğal badem sütü
- ½ yemek kaşığı soğan tozu
- 1 çay kaşığı granül sarımsak

Hazırlık

1. Patatesleri yıkayın ve yaklaşık aynı büyüklükte büyük parçalar halinde kesin. Onları büyük bir tencereye koyun ve suyla kaplayın ve 7 ila 10 dakika yumuşayana kadar kaynatın. Bu arada maydanozu yıkayıp doğrayın.
2. Patatesleri bir bıçakla kontrol edin; Hazır olduklarında aralarında kaymalıdır. Onları boşaltın. Yüz buharının tadını çıkarın.
3. Patatesleri tekrar sıcak tencereye koyun. Buharlamalarına izin verin, böylece sıvının bir kısmını serbest bırakırlar. Kalan malzemeleri ekleyin: maydanoz, badem sütü, besin mayası, tuz, karabiber, soğan tozu, granül sarımsak. Her şeyi birlikte ezmek için bir patates presi kullanın. Baharatı ayarlamak için püreyi deneyin.

96. Geleneksel doldurma

Bileşen
- ½ su bardağı sebze suyu
- 1 kaşık düşük sodyumlu soya sosu veya tamari
- 4 su bardağı glutensiz veya tam buğday ekmeği küpleri
- ½ su bardağı doğranmış soğan
- 1 su bardağı doğranmış kereviz
- 1 yemek kaşığı besin mayası
- ½ çay kaşığı kuş baharatı
- ½ çay kaşığı sarımsak tozu
- ½ çay kaşığı kuru maydanoz

Hazırlık
1. Fırını 350 F'ye önceden ısıtın.

2. Küçük bir kapta, toprak keten tohumlarını suyla karıştırın ve 10 dakika bekletin.
3. Büyük bir kapta, her kuru malzemeyi birleştirin.
4. Elmaları ince dilimler halinde kesip bir kaba koyun.
5. Kabak püresi, vanilya özü, su bazlı keten tohumu ve elma hurma ezmesini ekleyin ve iyice karıştırın.
6. Kuru malzemeleri birleştirin ve elmalarla iyice karıştırın. Karışım çok kuru olma eğilimindeyse, su ekleyin.
7. Uygun bir fırın tepsisine karışımı koyun ve 30-35 dakika pişirin.

97. Kinoalı Pilav Dolması

Bileşen

- ½ çay kaşığı adaçayı
- 1 çay kaşığı kekik
- 1 çay kaşığı biberiye
- ½ su bardağı yabani pirinç
- 1 ½ su bardağı kinoa
- 1 su bardağı esmer pirinç veya pirinç karışımı
- ½ su bardağı taze sıkılmış portakal suyu
- 2 ½ su bardağı sebze suyu
- ½ deniz tuzu
- 1 su bardağı rendelenmiş havuç
- 1 su bardağı nar taneleri (isteğe bağlı)
- 1 su bardağı bektaşi üzümü (isteğe bağlı)

Hazırlık

1. Bir tencereyi orta ateşte ısıtın.
2. Baharatları tencereye ekleyin ve 30 saniye soteleyin.
3. Yabani pirinç, kinoa ve kahverengi pirinci ekleyin ve 1 dakika karıştırın.
4. Portakal suyu, sebze suyu ve deniz tuzu ekleyin ve iyice karıştırın.
5. Kaynatın, örtün ve ısıyı orta-düşük seviyeye düşürün ve 45 dakika pişirin.

6. Ateşten alın, havuç ve meyve ekleyin ve servis yapın.

98. Hızlı ıspanak ve sebze tavası

içindekiler
- 1000 gr ıspanak yaprağı (taze)
- 1 yumru (lar) rezene
- 1 dolmalık biber (kırmızı)
- 200 gr kiraz domates
- 1 soğan (kırmızı)
- 2-3 diş sarımsak
- 1 avuç dolmalık fıstık
- Zeytinyağı (sızma)
- tuz

☐ biber**hazırlık**
1. Hızlı ıspanak ve sebze tavası için sebzeleri yıkayın, ıspanakları ayırın.

Soğanı ve sarımsağı soyun. Rezene ve soğanı kesin. Kırmızı biberin sapını ve çekirdeklerini çıkarın ve küçük parçalar halinde kesin. Sarımsakları dilimler halinde kesin.

2. Zeytinyağını ısıtın, soğanı soteleyin, rezene, sarımsak, dolmalık biber ve domatesi ekleyin ve her şeyi kızartın. Taze ıspanağı ekleyin ve çökmesine izin verin. Çam fıstıklarını ekstra bir tavada yağsız olarak kokusu çıkana kadar kavurun ve ıspanak ve sebze tavasının üzerine serpin.

99. Spelled pirinç ve havuç yahnisi

içindekiler

200 gr kılçıksız pirinç

- 475 ml su
- 1 sarı şalgam
- 1 havuç
- 1 yumru (lar) kereviz
- 2 çubuk kereviz
- 2 arpacık
- 2 diş sarımsak
- 4 dal kekik
- 1 limon
- 3 yemek kaşığı ayçiçek yağı
- tuz
- biber

hazırlık

1. Sebzeleri, arpacık soğanı ve sarımsağı soyun ve küçük küpler halinde kesin, kereviz saplarının yapraklarını bir kenara koyun. Limon kabuğunu ovun, suyunu sıkın
2. Sebze dilimlerini ve kabuklarını 500 ml su ile kaynatın, tuzlayın ve yakl. 10 dakika. Daha sonra süzgeçten geçirin ve güveç için sebze çorbası olarak kullanın.
3. Sebze çorbasındaki heceli pirinci kaynatın, 20-25 dakika kısık ateşte pişirin, süzün (çorbayı toplayın) ve bir kenara koyun.

4. Ayçiçek yağını büyük bir tencerede kızdırın ve sebzeleri hiç renk değiştirmeden kekikle birlikte yavaş yavaş kızartın. Kalan sebze çorbasını dökün ve yumuşayana kadar kısık ateşte pişirin.
5. Pişmiş sebzeleri heceli pirinçle karıştırın ve limon suyu, tuz ve karabiberle tatlandırın.
6. Güveci derin tabaklara yerleştirin ve limon kabuğu rendesi ve kereviz yeşillikleri ile süsleyin.

100. Bezelyeli yeşil patates köri

içindekiler
- 700 gr patates (mumsu)
- 250 gr bezelye (dondurulmuş) ☐ 800 ml hindistan cevizi sütü
- 2-3 yemek kaşığı Tay yeşil köri ezmesi
- 2 çubuk limon otu
- 2 kefir limon yaprağı
- 1 demet kişniş (taze)
- 1 biber (yeşil)
- 1 kireç (organik)

☐ tuz**hazırlık**
1. Bezelyeli yeşil patates köri için, yeşil köri ezmesini hindistancevizi sütünde kaynatın,

kalın, kremsi bir sos oluşturmak için birkaç kez karıştırın.
2. Patatesleri soyun ve yakl. 1 cm küpler.
3. Limon otunu, içerdiği uçucu yağların daha iyi kaçabilmesi için sıkın.
4. Patatesleri limon otu ve limonlu köri sosunda yumuşayana kadar buğulayın. Pişirme süresinin bitiminden hemen önce bezelyeleri ekleyin ve kısaca pişirin. Köriyi meyve suyu ve biraz limon kabuğu rendesi ve tuzla tatlandırın. Kireç yapraklarını ve limon otunu çıkarın.
5. Kişniş yapraklarını yıkayıp koparın ve köri ile karıştırın. Yeşil patates körisini, sıcak bezelye ve basmati pirinci ile servis edin.

ÇÖZÜM

Kimse bir gecede yeme alışkanlıklarını değiştirmez. Vücudun ve zihnin değişikliklere uyum sağlamak için zamana ihtiyacı vardır. Denemek istiyorsanız, bitki bazlı bir diyetin kriterlerine uyan seçenekleri uygulayan bir gün seçerek başlayın ve bu günleri kademeli olarak artırın.

www.ingramcontent.com/pod-product-compliance
Lightning Source LLC
Chambersburg PA
CBHW050359120526
44590CB00015B/1751